青春文庫

ジャニヲタあるある+《プラス》

みきーる［著］
二平瑞樹［漫画］

JN168421

青春出版社

はじめに

某タレントさんのＣＤ発売記念イベントでの出来事です。
タレントさんへの質問コーナーで、とあるヲタがこう言い放ちました。

「○○くんは、どうしてトロッコで来るとき、私の目の前で後ろを向くんですか!?」

この瞬間、会場にいたヲタというヲタがぶあついシンパシーの輪でつながれるのを、私は見のがしませんでした。

「あるある……！」

質問した彼女は、はからずも全ヲタの心の叫びをタレにぶちまけてくれたのです。

「好きな女の子のタイプは？」とか、「今日のパンツの色は？」とか、おそらくはそんなフワリとした質問を予期していたであろう彼は、一瞬動揺したものの、「そっかぁ。ごめんね。次からはそういうことのないようにするね」と、そつないアンサーを返しました。

しかしそれが絶対にムリなことを、私たちは知っている。今日も今日とて、後ろを向いた自担のケツを見送り、銀テープをつかみそこね、指先に触れたサインボールは、バウンドしてあさっての方向に飛んでいくのです。


それでも。

彼に会いたくて、その笑顔が見たくて、私はジャニヲタ活動を続けています。

〝蛇《じゃ》の道は蛇《へび》〟と言いますが、〝J《ジャ》の道〟は、本当にヘビーです。

ジャニ活を続けるほどに、たくさんのトホホな〝あるある〟にまみれ、いっそまとわりついてきた〝あるある〟をグッズにして横アリのセンテニアルホールで売ってやろうかと思ったほどです。

……が、寸出のところで思いとどまり、本にまとめてみることにしました。

ジャニヲタなら、そんな〝あるある〟を器用にすり抜けて生きることは、100パーセント不可能だろうと思います。

大丈夫、あなたは〝ひとりじゃない〟！


永遠に進まないグッズ列に並びながら、遠征に向かう新幹線の中で、当落確認の合間に、「あるある！」とうなずきながら本書をお楽しみいただけましたら、嬉しく思います。

◆◆ジャニヲタ人生すごろく◆◆

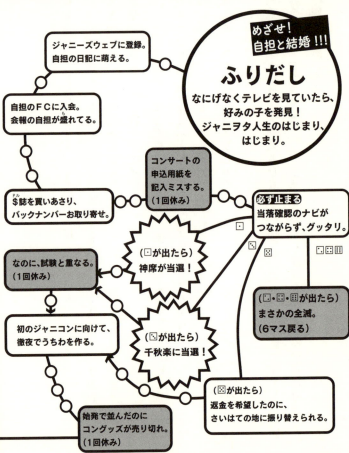

めざせ！
自担と結婚!!!

ふりだし

なにげなくテレビを見ていたら、
好みの子を発見！
ジャニヲタ人生のはじまり、
はじまり。

ジャニーズウェブに登録。
自担の日記に萌える。

自担のＦＣに入会。
会報の自担が盛《も》れてる。

$《ドル》誌を買いあさり、
バックナンバーお取り寄せ。

コンサートの
申込用紙を
記入ミスする。
（1回休み）

必ず止まる
当落確認のナビが
つながらず、グッタリ。

⚀

（⚀が出たら）
神席が当選！

⚂

（⚂が出たら）
千秋楽に当選！

⚄

（⚄が出たら）
返金を希望したのに、
さいはての地に振り替えられる。

⚁⚃⚅

（⚁・⚃・⚅が出たら）
まさかの全滅。
（6マス戻る）

なのに、試験と重なる。
（1回休み）

初のジャニコンに向けて、
徹夜でうちわを作る。

始発で並んだのに
コングッズが売り切れ。
（1回休み）

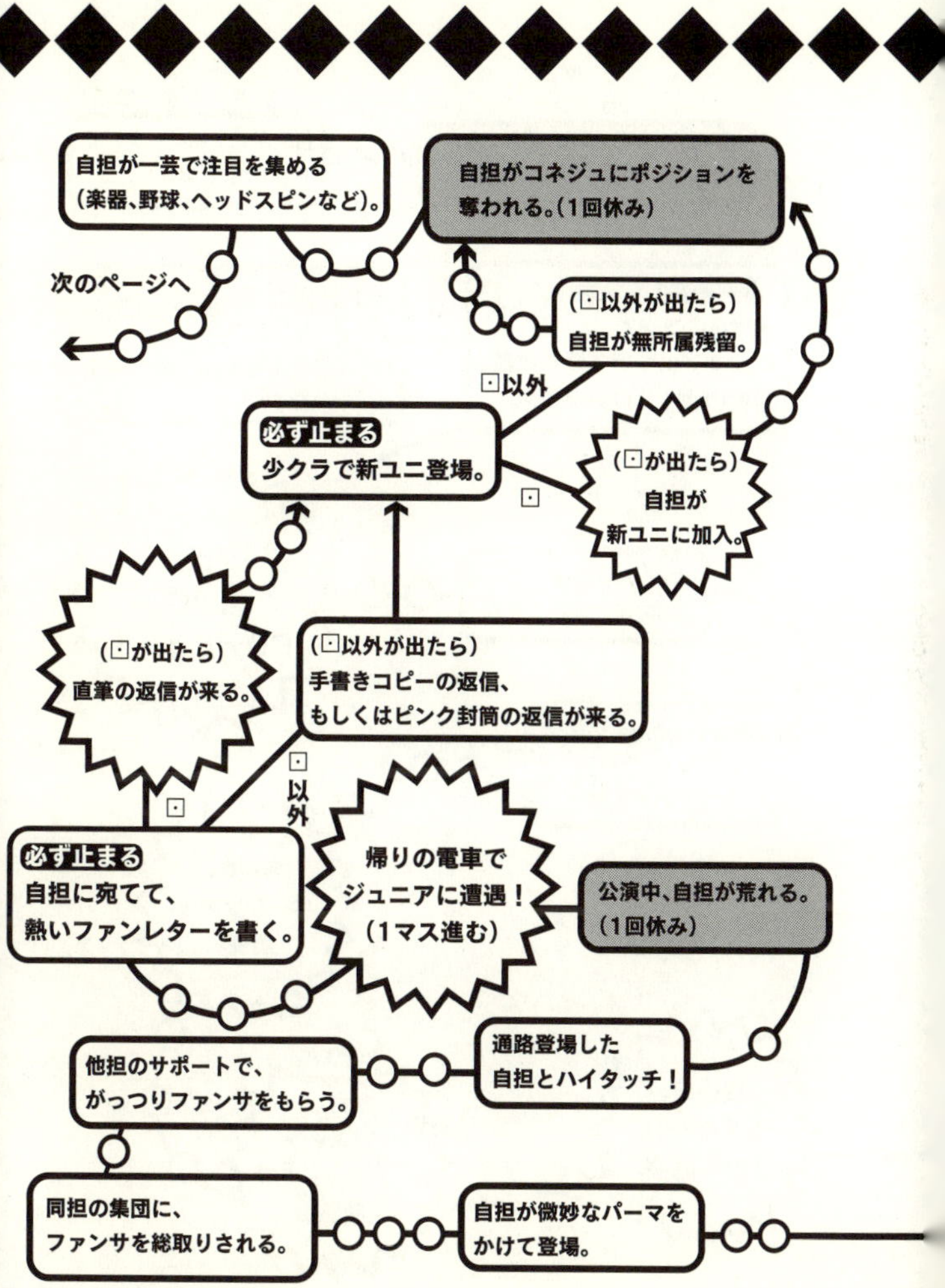
自担が一芸で注目を集める（楽器、野球、ヘッドスピンなど）。
自担がコネジュにポジションを奪われる。（1回休み）
次のページへ
（⚀以外が出たら）自担が無所属残留。
⚀以外
必ず止まる 少クラで新ユニ登場。
⚀
（⚀が出たら）自担が新ユニに加入。
（⚀が出たら）直筆の返信が来る。
（⚀以外が出たら）手書きコピーの返信、もしくはピンク封筒の返信が来る。
⚀
⚀以外
必ず止まる 自担に宛てて、熱いファンレターを書く。
帰りの電車でジュニアに遭遇！（1マス進む）
公演中、自担が荒れる。（1回休み）
他担のサポートで、がっつりファンサをもらう。
通路登場した自担とハイタッチ！
同担の集団に、ファンサを総取りされる。
自担が微妙なパーマをかけて登場。

前ページからの続き

自担が先輩のバーターでドラマ出演(弟役)。

自担がポロリと女ネタをもらす。(3回休み)

必ず止まる
先輩Gのコンで
ジュニアについて電撃発表。
自担のゆくえはいかに?

⚀以外

(⚀以外が出たら)
デビュー組の裏で、
ひっそりと自担ユニが解体される。
(20マス戻る)

⚀

(⚀が出たら)
自担G、
CDデビュー!

デビューCDが、
30形態で発売される。

デビューCDを全種買い
&複数買いして破産。
(ふりだしに戻る)

自担G、
ホールツアー
開催。

自担G、
アリーナツアー
開催。

自担G、
五大ドーム
ツアー開催。

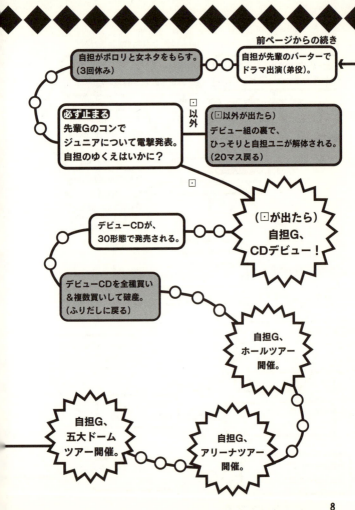

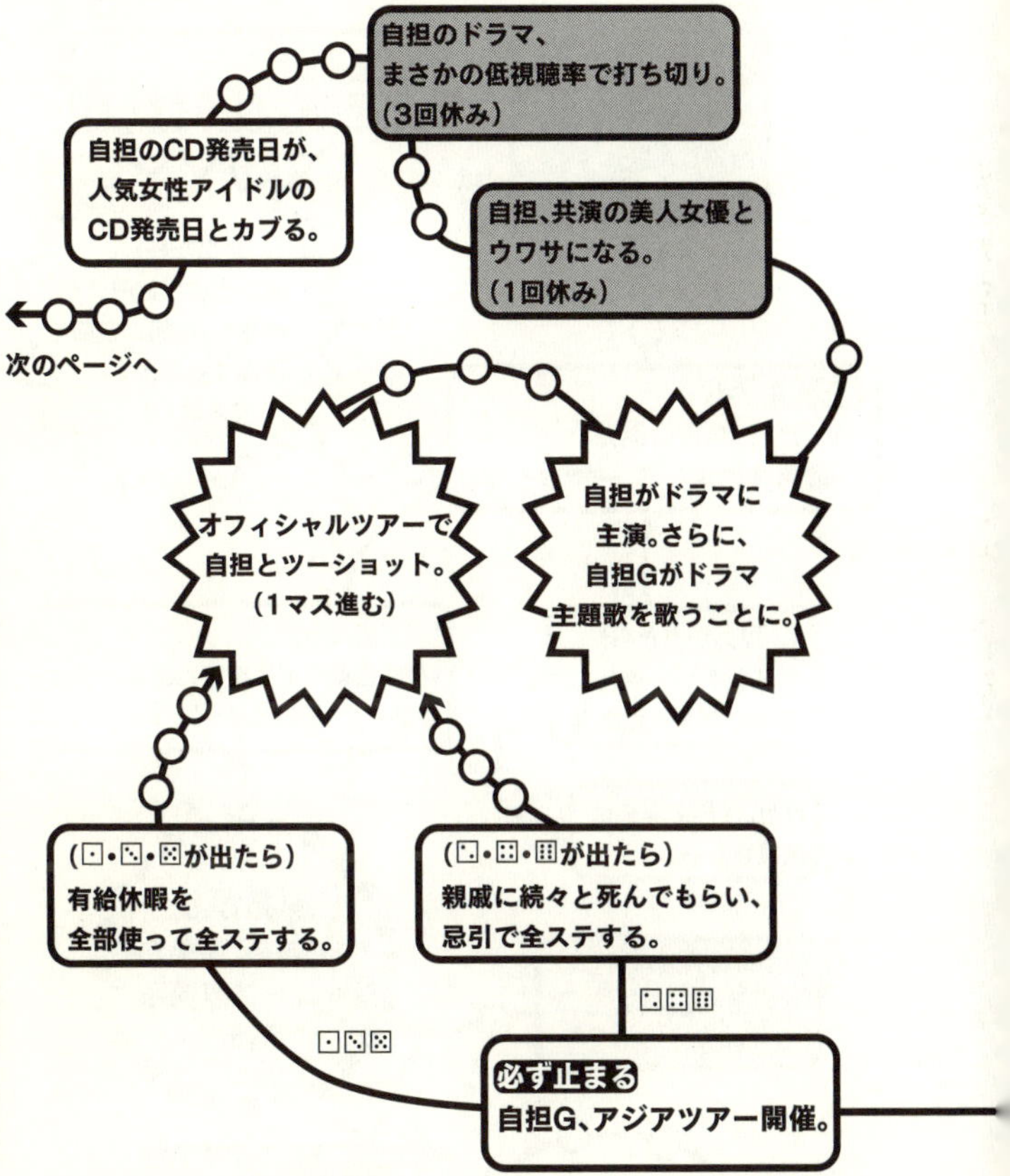
自担のドラマ、
まさかの低視聴率で打ち切り。
（3回休み）
自担のCD発売日が、
人気女性アイドルの
CD発売日とカブる。
自担、共演の美人女優と
ウワサになる。
（1回休み）
次のページへ
オフィシャルツアーで
自担とツーショット。
（1マス進む）
自担がドラマに
主演。さらに、
自担Gがドラマ
主題歌を歌うことに。
（⚀・⚂・⚄が出たら）
有給休暇を
全部使って全ステする。
（⚁・⚃・⚅が出たら）
親戚に続々と死んでもらい、
忌引で全ステする。
⚁⚃⚅
⚀⚂⚄
必ず止まる
自担G、アジアツアー開催。

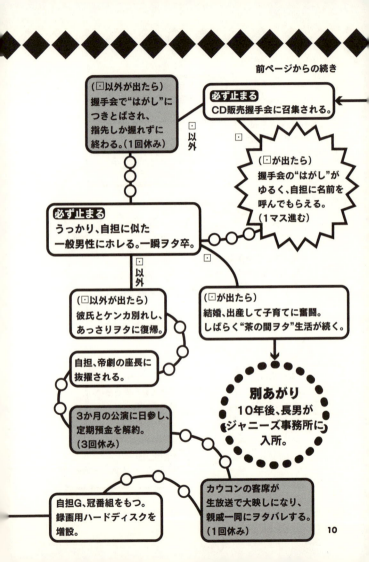

前ページからの続き

必ず止まる
CD販売握手会に召集される。

⚀

(⚀が出たら)
握手会の"はがし"がゆるく、自担に名前を呼んでもらえる。
(1マス進む)

⚀以外

(⚀以外が出たら)
握手会で"はがし"につきとばされ、指先しか握れずに終わる。(1回休み)

必ず止まる
うっかり、自担に似た一般男性にホレる。一瞬ヲタ卒。

⚀

(⚀が出たら)
結婚、出産して子育てに奮闘。しばらく"茶の間ヲタ"生活が続く。

別あがり
10年後、長男がジャニーズ事務所に入所。

⚀以外

(⚀以外が出たら)
彼氏とケンカ別れし、あっさりヲタに復帰。

自担、帝劇の座長に抜擢される。

3か月の公演に日参し、定期預金を解約。
(3回休み)

カウコンの客席が生放送で大映しになり、親戚一同にヲタバレする。
(1回休み)

自担G、冠番組をもつ。録画用ハードディスクを増設。

と思ったら、
自担Gメンバーの
不祥事発覚！　メンバー、
脱退。（2回休み）

自担の方向性が
あいまいになってくる。
自担Gのコンサートも中止に。
（3回休み）

迷走する自担と遭遇。
話しかけて
LINEアカゲット！
（3マス進む）

必ず止まる
ブログに書いていた
小説が、自担主演で
映画化される。

必ず止まる
人生のハイライト。
映画の製作発表で、
ジャニーさんと対面！
（サイコロを3回振る）

⚀×3

（3回連続で⚀が出たら）
ジャニーさんに、
思わずダメ出し。
意見が採用され、
自担の人気復活！
（サイコロを5回振る）

⚀×3以外

（それ以外）
緊張のあまり逃げ出す。

小あがり
生涯ジャニヲタ宣言！
ひとりのヲタとして、
ジャニ活を続ける。

⚀×5

（5回連続で⚀が出たら）
大あがり
長年の献身的応援が実り、
3年間の交際を経て、
自担と結婚!!!

⚀×5以外

（それ以外）
中あがり
ジャニーさんから
後継者に指名される。

目次

Part 1

思わずうなずく！ ジャニヲタあるあるベスト50

ジャニヲタになったその日から、さっそく舞い降りる〝あるあるの神〟。コンサート会場で、茶の間で、職場で、そして友との語らいのひとときに……誰もが「あるある！」と言わされた鉄板エピソードを、ギュギュッと紹介！

1 給料日やボーナスを見計らって、振り込め用紙が届く。

「お給料も入ったし、今月こそ貯金しなきゃ」と思った矢先に届く、水色の封筒。自担のコンサートが決定？　しかも、締め切りは明日!?　こうなったら全力でブッ込むしかありません。そして早くも貯金の夢はついえるのです。

2

「当たった」ツイートがクソうざい。

激戦の人気公演。「チケットをお取りすることができませんでした」という落選のアナウンス。この世でただひとり不幸を負ったような、そんな夜。ふと見たTLには、浮かれた当選ツイートが並び、心をザラつかせます。自分も当たればつぶやくけどッ。

3 新曲の予習しながらコン会場へ。

担当がニューアルバムを引っさげてのコンサート。もちろんCDは買ったけど、ゆっくり聴く間もなく当日に……！　とりあえず教科書も読まずにぶっつけでテスト、みたいな状況はアレなので、行きの車内で追い込みますっ！

④ 売り切れと聞くと、欲しくなる。

「ちょ、今回のグッズ、みんなイマイチじゃない？　とくにこのストラップ、ビミョー」とか思っても、「ストラップ、中の売り場じゃ完売だって！」みたいな話を聞くと、がぜん欲しくなって複数買いしちゃったりしますよね……？

5 入場前に看板を写メる。

入場前に写メらねばならないものはいくつかありますが、代表的なものがツアータイトルを掲げた看板です。他に、関係者から届いたお花、〝満席御礼〟などの立て札も押さえたいところ。記念撮影が終わったら、入場しましょうか。

❻ ギラギラした目でスタッフTを見る。

スタッフ用に作られたTシャツは、デザインが物販用のパロディになっていたりして、やたらといいモノに見えるのです。「なんだよ、そっちを売ってくれよ」と思いながら、せわしなく働く彼ら（のTシャツ）を見ています。

7 隣が誰担か、横目でチェックする。

座席についたら、隣にどんな人が来るのか気になります。目の端に入ったうちわの文字をすばやく読んで、「他担か～。よかった！」と安心したり、「チェッ、同担かよ」と残念に思ったり。まぁ自分も同様に思われてるわけですが。

8 やたら可愛い同担が隣に入る。

楽しみにしていたコンの隣席に入ったのが同担。これだけで軽くテンションが落ちるところですが、あまつさえその人がものすご〜く可愛かったりすると、「神様、今この並び必要ですか?」と抗議してやりたい気分に……。

9 この上ない良席なのに、担当にガンスルーされる。

周辺に美人なーし! 同担なーし! しかも、最前列……みたいな〝負ける気がしねえ良席〟なのに……なぜかチラとも目線をくれない自担。おまけに、昨日の公演では座席前を通ったのに、今日はあらぬ方向へ。なぜ? ねぇ、なぜ!?

⑩ トロッコが来たと思ったら、直前で後ろを向く自担。

「今日はスタンドだけど、トロッコが通るもんね♪」と思いきや、私の前でいきなり後ろを向いたアナタ。なんでこのタイミング!? 私たち、今しか見つめ合えなかったのに。去ってゆく背中を見送りつつ、涙が止まりません……!

11 ファンサをもらった瞬間、カラダに電流が流れる！

「プリンの味は、食べてみなければわからない」という格言がありますが、ファンサのときめき力も、もらった者にしかわかりません。勘違いでなく、自分に向けて指さしだの投げキスだのをもらうと、全身がビリビリと震えるのです。

12

ファンサのいいタレに浮気中、自担が通り過ぎる。

アンコールでは、多数のジュニアが元気にサービスしてくれます。なにげなく見せたうちわ（投げチューして！）に応えてくれた彼に、あらやだ可愛いワ、なんてデレデレしてたら、ああッ！　目の前を本命が走っていきました。

⑬ かきあつめた銀テープを巻きながら歩く。

ライブ中、突如放たれる銀テープ！　このときばかりは、みな担当そっちのけで銀テにむらがります。その姿は、まるで飢えた獣《けもの》のよう。捕獲した獲物はいったんバッグにしまい、公演後、ていねいに巻きながら帰途につくのです。

14 自担をバカにしていた友人と会場ではち合わせ。

「○○くん好きなんだ？　そんなにカッコいいかなぁ？　私は苦手」とか言っていた友。なのになんでアナタが○○くんのソロコンにいるんだろう？　しかも、「○○くん大好き」ってうちわを持って。私に謝っていただきたい。

15 ファミレスや居酒屋で反省会。

公演終了後、会場近くの飲食店では、さきほどのコンについて熱く語るヲタの姿がそこかしこに見られます。その内容は、構成の批評から自担賛美までさまざま。つい隣席の会話に聞き耳を立ててしまうことも……あります。

16 ウェイティングリストに書くのは、担当の名字。

コンサートの日はジャニヲタにとってハレの日、非日常の日です。そんなときに、なんでファミレスのリストに本名を書く必要がありましょう？「5名でお待ちの櫻井さま〜」なんて呼ばれると、ちょっとした〝嫁〟気分です。

17 東京で買い逃したグッズを、地方で採集。

グッズの争奪戦が一番シビアなのは、やはり首都圏です。始発で並んだのに、「〇〇くんのクリアファイル完売しました～」みたいな案内があると、軽く死ねます。そんなときは、地方というフロンティアに、夢を求めていくのです。

18 〝城ホール〟には何度も入ったが、大阪城には入ったことがない。

〝遠征〟と〝旅行〟は似て非なるもの。名所旧跡近くの会場には数え切れないほど入っても、名所には近寄ったこともない、なんてことはよくあります。天下の大阪城でさえ、「あ、そういえばお城あるよね」くらいな認識です。

19 振り込み→返金→振り込みのループ。

①チケットを申し込む→②落選・返金→③新しい公演の案内が来る→①に戻る……の、ジャニヲタ自転車操業とはこのことか。返金されても、「どうせすぐ回収するんだから、とっときなさいよ」と、投げやりな気持ちに。

20 オレのチケはオレのモノ、オマエのチケもオレのモノ。

コンサートの抽選結果が出たころ、たまに「○○のオーラス当たったんでしょ? 私、外れたから助かった!」みたいな不思議なメールが届くことがあります。一緒に行く約束してないのに。これぞ、ジャニーズジャイアニズム!

21 田舎のおばあちゃんにもFCに入ってもらう。

コンサートの応募権利を増やすため、少しでも多く欲しい会員名義。友達と協力もするけど、やっぱり気兼ねないのは身内です。かくして、おじいちゃんやおばあちゃんにも、キスマイFCに入ってもらったりするワケです。

22 40、41という数字がキライ。

東京ドーム公演のチケットを開封したとたん飛び込んでくる、「40ゲート……」の文字。一瞬にして、類に斜線が入ります。40、41ゲートは、東京ドームの天井席に続く残念な門。ってか、ぶっちゃけこの席さばけんのかよ?

㉓ クマる。

FC枠で取り逃した人気公演。こうなったら頼みは一般発売しかない。指がシビれるほどリダイヤルしても、聞こえてくるのは「しばらクマってクマってクマっておかけ直しください……クマってクマってる場合……」の繰り返し。クマってる場合かーッ!!

24 意表をついた地に、バシルーラされる。

ドラクエの呪文《じゅもん》に、敵をどこか遠くに吹っ飛ばす〝バシルーラ〟というのがありますが、なんとジャニーズもこの呪文を使えたのです。「落選したら返金」を希望したのに、予期せぬ土地に厚意で振り替え!? あ、あざーっす……。

25 他Gのイベントに急遽、自担がブチ込まれる。

「えっ、Sってばまた握手会やるんだ？　ぶっちゃけSの担当じゃなくてよかった～。今お金ないし、先月バイト休みすぎたしね。……は？　Sの応援にAも駆《か》けつけます～!?　え、ちょ、ちょっと待って……！」

という事例も。

26 新しい友人ができると〝名義〟に見える。

超人気公演の場合、チケットの応募は〝一住所、一名義のみ〟などと制約されることも。昔から〝名義はいくらあっても困らない〟と言いますが（嘘）、当選確率を上げたいヲタにとって、新しい友人はおいしそうな名義に見えるのです。

27 コンビニで担当の曲がかかると、動けなくなる。

ズタボロに疲れて立ち寄ったコンビニで、ふいに流れてきた担当の新曲！　一刻も早く帰りたいけど、これはみなまで聴かずに帰れない。ほらほら、もうすぐサビ……ってとこで、やおらＣＭのカットイン（泣）。わざとなのか？

28 熱愛写真は、すべて合成だと認識する。

楽しいジャニ活に水を差す、自担の熱愛報道。震える手で週刊誌をめくると、女性と仲よくしている自担の姿が! ……ん、でも彼にしては私服の感じが違いすぎる。……わかった! 合成ね!? 合成か～よかった、よかった。

29 「彼女いて当然じゃん!」と言いつつ、内心は動揺。

浮いたウワサもなく、だいぶ大人になったタレ。「普通に彼女いるっしょ」とか、わかった口をききながら、いざ女の影をほのめかす発言があろうものなら、愚《おろ》かなほどキョドってしまう……。ヲタのハートは、硝子《ガラス》でできています。

30 年の差婚のニュースを見ると、勇気がわいてくる。

以前、某タレと20歳も年上の女性がウワサになったことがありました。このとき彼は、多くの大人ヲタに「年齢差があっても恋愛に持ち込むことはできる」という夢を与えてしまったのです。昨今目立つ年の差婚も、ヲタを力づけています。

31 ラブシーンがイケてても、ぎこちなくてもイラッとする。

自担のラブシーンは、ヲタにとって緊張のひとときです。カッコよくキメてほしいけど、あまりうまいと「コイツ、慣れてんな」と思うし、腰が引けてても「しっかりしろよ！」とか、思う。あくまで自然な感じでお願いしたい。

32 メインをすかして、担当を見る。

露出の少ないバック担にとって、テレビで担当を見られるのは、この上ない喜び。先輩たちのスキマからチラ見えする彼を、瞳こらしてロックオン！　その目力は、〝薄目で見るとモザイクが消える〟みたいな域に達していきます。

33 録画してても、今見たい！

自担の番組を今見るのとあとで見るのは、〃できたてのカレー〃か〃2日目のカレー〃かの違いと同じです。空腹だからスグ食べたいし、明日もゆっくり味わいたい。カレーとジャニーズは、一晩寝かせるとまたおいしくなるのです。

34 日に日に編集テクが磨かれる。

自担の〝今〟を残しておきたい。そう望んだ日から、血を吐きながら続けるハードディスク残量との戦いが始まります。CMはカット！ 担当が出てないシーンもカット！ ……ムダに華麗なリモコンさばきが身につくのでした。

35 キリヌキ用と保存用の2冊買い。

「今月の$《ドル》誌、自担盛《も》れてる!」となったら、ついつい複数買いしたくなるのがヲタのサガ。〝キリヌキ用〟と〝保存用〟の2冊買いをベースに、〝読む用〟と〝人に貸す用〟と〝交換用〟など、際限なくオプションが増える場合も。

36 せっかくビジュ最高だったのに、ヘンな髪型にするのはなぜ？

ジャニーズの中には、なぜか女子ウケしない髪型を好むタレが一定数存在します。たまに超似合う髪型にしたと思ったら、すぐさま妙なパーマにしたりして。で、盛《も》れてないときに限って雑誌の表紙になったりするのよね（泣）。

37 新譜は発売決定と同時に全種予約。

「えーと、初回限定盤A（DVD付き）、初回限定盤B（フォトブック付き）、初回限定盤C（ミニカレンダー付き）、WEBショップ限定盤、コンビニ限定盤、メンバー別ジャケット盤、通常盤の初回プレス……やっと通常かよ！」

38 DVDを観て、初めてストーリーを知る。

ジャニーズの舞台には、楽しくも荒《こう》唐《とう》無《む》稽《けい》なものが数多くあり、担当のカッコよさはよくわかったけれども、どんな話なのかサッパリわからん、というケースがままあります。「DVDを観てやっとわかった」？　それが普通です。

39 似たようなアングルでも買いもらせない。

ジャニーズショップには、パンフレットやグッズ用に撮られた写真の未公開ショットが多数並びます。わずかに角度が違うとか、ちょっと目つきが違う程度のそれらは、もはや間違い探しの域。……でも全部欲しいんでござる。

40 男性の話になると、「ジャニーズで言うと誰？」と訊《き》く。

「〇〇ちゃんの彼、どんな人？」みたいな話になると、つい出てしまうのが、「ジャニーズで言うと誰？」という無茶な問いかけです。しかも「松潤かな」と答えてもらっても、たいてい男性であること以外、松潤と共通点はありません。

41 本人不在の誕生会を開く。

店員「お誕生日おめでとうございます。当店からお誕生日のお客さまにバースデーソングとケーキのプレゼントがございます。主役のかたは、まだ……？　は？　もうそこにいらっしゃる??　ハ、ハッピーバースデーートゥーユー……」。

42 おたがいの担当をほめそやす。

担当が違うと、「○○くんは芸術家肌でカッコいいですよね！」、「いえいえ、○○くんこそ美形だし、歌がうまくて」みたいに、〝おたがいのダンナを持ち上げあう社宅の奥様〟っぽい会話になることが……よくあります。

43 ジャニーズのことなら、なんでも知っていると思われている。

ひとくくりにジャニヲタといっても、守備範囲は驚くほど細かく分かれています。「担当以外のことはまったく知らない」という人も多いでしょう。そのくせジャニのことを訊《き》かれて答えられないと、ちょっと悔しいんです。

44 「ジャニーズ一のイケメンは、岡田くんだね！」に、複雑な思い。

岡田くんは、端正な顔立ちで文句ナシのイケメンです……が、簡単にうなずけない気持ちもあります。でも、一般の人に「ジュニアの○○くんも美形でしょ？」と言ってみても、「それ誰？」で終わっちゃうんですよね（泣）。

45 「嵐なら観てみたい！」という友人に、殺意を抱く。

激戦のチケをめぐって、ヲタは血の汗を流し、まさに死闘を繰り広げます。そうまでしても、取れないときは取れない。そんなとき、無邪気なセリフをこぼした友にキックをお見舞いしたくなったのは、私だけじゃないはず……。

46

「剛《つよし》はどこに向かっているの？」と、訊《き》かれる。

「○○さんって、ジャニーズに詳しいんだって？」という話になると、かならずと言っていいほど飛び出すのがこのクエスチョンです。えーっと……。個人的には、『ぼくらの勇気　未満都市』の頃の彼が、とくに好きですが……（エヘ）。

47 友人の弟をJ事務所に入れようと、もくろむ。

写真を見れば「これ弟さん？ えー、カワイイじゃん！ 今いくつ？ 10歳？ え、サッカーやってるんだ？ 地区大会で優勝？ すごいね！ えっ、ダンスもやってるの？ うわ〜。……ねえ、この写真、もらってもいいかな!?」という流れに。

48 金田一ばりの推理力でバックを読む。

ジュニアを追っかける際、何が大変かというと、誰がどの公演に付くか解析せねばならないことです。「大阪駅で目情《もくじょう》があった」、「あの公演に出たら、北海道に飛ぶのはムリ」などの情報を元に推理して、どこに出るのかつきとめます。

49 年末年始は、ジャニーズと過ごすもの。

かつて日本には、家族とともに行く年を惜しみ、新年を寿《ことほ》ぐ風景があったのだそうです。しかし今、ジャニーズは東京ドームのカウコンを始め、年末年始も各地のヲタをわが元へと誘います。一番好きな人と過ごすのが正解よね!?

雨ニモマケズ
風ニモマケズ
雪ニモ夏ノ暑サニモマケズ
丈夫ナカラダヲモチ
長蛇ノ列ニナランデモ
シヅカニワラッテイル
東ニキスマイアレバ
行ッテオウエンシ
西ニジャンプアレバ
行ッテグッズヲ買ヒ
ミンナニジャニヲタトヨバレ
チケットノ当落ニナミダヲナガス
サウイウモノニワタシハナリタイ
ジャニヲタはタフじゃないとムリ!!
バーーン
CHU

50 豪雨、大雪、真夏日。どんな状況にも耐えられるカラダになる。

寒風吹きすさぶ屋外で抽選会、ゲリラ豪雨のなか握手会、真夏に隣駅まで伸びた列に並んだあげくイベント中止など、ジャニーズ事務所のドSぶりにはブレがありません。ヲタ歴が長くなるほど、心身ともに鍛えられるのです。

ジャニヲタ用語集① 現場編

★コンサート編★

【カウコン】ジャニーズカウントダウンコンサートの略。毎年大晦日《おおみそか》に東京ドームで行われる年越しライブで、大多数のジャニーズが集結する（SMAPや嵐など一部を除く）。近年、京セラドーム大阪ではKAT-TUNが単独のカウコンを行っている。

【構《かま》われ席】最前列や通路脇の席など、ステージやタレントと距離が近く、話しかけられやすい席。「そのうちわ、ちょっと見せて！」などとタレントに声をかけられたり、演出によってはダンスに誘われたりする。一度この席を経験すると、ほかの席がかすんで見えることも。

【銀テ】銀テープの略。コンサートを盛り上げるため、客席に放たれる小道具。おもにクライマックスで、パン！という華やかな音とともに撒《ま》かれ、ヲタは降り注ぐ銀テに夢中になって手を伸ばす。グループ名やツアータイトルが印字されており、無料の記念品的な意味合いももつ。

【クソ席】ステージからだいぶ遠く、とくにおいしくもない席。

【コンスタ】コンサートスタッフの略。会場で座席の案内やグッズ列の整理を務める。通路に落ちた銀テをすばやく回収し、配りにきてくれるコンスタは有能！

【コンレポ】コンサートレポートの略。ツイッターやブログで、セットリストやタレントの立ち位置、MCの話題などを綴《つづ》る。

【参戦】ジャニヲタにとってジャニの公演（コンサートやイベント）は恋の祭りであり戦《いくさ》でもある。このため、これに参加することは〝参戦〟、遠方まで出向くことは〝遠征〟という。

【0《ゼロ》ズレ】タレントの立ち位置の真正面に当たる座席。目当てのタレントを中心（ゼロ）とし、そこから少しのズレもない絶好のポジション。0ズレ席の〝自担ひとりじめ感〟は異常。用例「カーテンコールのとき、みっくんと0ズレだったの！　ずーっと見つめ合っちゃった♡」

【天井席】メインステージから最も離れ、施設の天井に手が届きそうなほど遠い席。好例としては40、41ゲートから入場する東京ドームの2階席を指し、あまりの遠さから〝宴会しててもバレなそう〟という意の「酒盛り席」、また、せめてきれいな名前がいいとの気持ちから「天上席」とも呼ばれる。

【トロッコ】タレントを乗せて客席通路に登場する手押し車。おもにステージから遠い席の通路を回り、ヲタの疎外感をフォローする。

【入る】コンサートや舞台を観に行くこと。用例「SHOCK、次はいつ入るの？」

【ファンサ】ファンサービスの略。コンサート中にタレントがファンに手を振ったり、投げキスなどをすること。

【良席《りょうせき》】最前列、花道や通路の真横など、目当てのタレントを間近で見られる席。

★チケット編★

【一般発売】FC（ファンクラブ）会員以外で

も申し込めるチケット販売のこと。ぴあ、ローソン、イープラスなどのプレイガイドや、劇場のチケットセンターによる販売で〝一般〟と略される。用例「FCチケ、全滅したから一般がんばらないと！」「一般、明日からだよね？」

【チケ】 チケットの略。〝チケ取り〟とは、チケットを取るためにプレイガイドに申し込んだり、店頭に並んだりすること。〝チケ業務〟とは、友人どうしでチケットを交換するなど、欲しいチケットを確保するために手をつくすこと。

【振り込め用紙】 ジャニーズコンサート事務局から送られてくる公演申し込み専用の払込取扱票。あらかじめ会員番号やFCに登録した住所などが印字されており、すみやかに入金できるようになっている。締め切り間近になるとリマインドメールが来るなどプレッシャーをかけてくることから、〝振り込め〟用紙と呼ばれる。

【振り替え】 希望した公演に落選し、別公演に振り替えられて当選すること。原則は「同じ会場の、別日時の公演」に振り替えられるが、まったく違う会場の公演が当たる場合も。

【返金】 希望した公演に落選し、コンサート事務局から返金されること。手数料を差し引いた代金が、貯金事務センター経由で振替払出証書（通称「返金証書」）として郵送される。これは緑色の封筒で来るため、「緑の封筒が来た」というのは、返金証書が届いたことを意味する。

【水色の封筒】 ジャニーズコンサート事務局から郵送されるお知らせ。中身はもっぱら公演案内と振り込め用紙。

Part 2

苦労もするケドおもしろい！ 〝ジャニヲタのまわりの人〟座談会

ジャニヲタにも家族はいます。友達や同僚、彼氏だっていたりします。ぶっちゃけ、彼らは私たちをどう思っているのでしょうか!? ジャニヲタをとりまく人々に、ふだん私たちがやらかしてることを語ってもらいました。

しょーもないけど、にくめないアイツはジャニヲタ！

彼氏　都内在住。32歳。WEBデザイナー。大学時代から交際中の彼女（埼玉在住・30歳・イラストレーター）は、ジュニア黄金期からの事務所担。彼女の策にはまり、たきつばのオフィシャルツアーに付き合わされた過去をもつ。

友人　静岡在住。22歳。大学生。同じファストフード店でバイト中の友達（21歳・大学生）は、キスマイの藤ヶ谷くん担。いつも藤ヶ谷くんのことで一喜一憂する友を、生温かく見守っている。自分自身はジャニーズに興味ナシ。

母親　千葉在住。50歳。主婦。同居の娘（23歳・雑貨店勤務）は、KAT-TUNの亀梨くん担。先日、夫の姉から、「○○ちゃんにジャニーズのファンクラブに入ってくれって頼まれたんだけど？」と聞かされ、娘の暴走に頭を抱えている。

同僚　都内在住。27歳。食品会社勤務。実家は高知県。同期入社の友（都内在住・27歳）は、嵐の松潤担で、副担はJUMPの山田くん。手先が器用で面倒見がいいため、ついついうちわ作りなどを手伝ってあげてしまう。

彼氏　こないだ、夜遅くに突然彼女がうちに来たんです。「どうしたの？」って言ったら、「急に顔が見たくなっちゃった♡」って。

友人　へ～、可愛いじゃないですか。

彼氏　僕も最初はそう思ったんですけど……。翌朝、「ちょっと寄るところがあるから」って、えらく早く出てっちゃいまして。……あとでわかったんですが、その日は山Ｐの握手会があったんですよね。

一同　ああ……！

彼氏　自分の家より僕の部屋のほうが会場に近かったから、中継基地にされたみたいです（苦笑）。

友人　それ、私もやられたことある！　めずらしく、「朝まで飲もう」なんて言うからうちに呼んだんだけど、明け方、元気に出てっちゃったという（笑）。

母親　やだ。うちのコも彼やお友達にご迷惑おかけしてるのかしら……。

同僚　迷惑っていうか、私は会社のコピー機でうちわ作りを手伝わされたことがありますよ（笑）。

彼氏　会社で!?　大胆ですね〜。

同僚　「明日、超神席なのにうちわができてない！　お願い、ランチおごるから手伝って〜！」って泣きつかれまして。にくめないコなんで、協力しましたけどね（笑）。2人で会議室にこもって、言われるままに「潤」っていう字を拡大コピーしたり、文字を切り抜いたり……。

母親　まぁ〜。そういえば私、新宿に買い物に出たとき、東急ハンズに寄らされたことがあるわ。「店員さんに聞けばわかるから」って、蛍光ピンクの紙やら、お星様のシールやら買わされて。

彼氏　自分で買いに行けって話ですよね（笑）。

この水色の封筒は、いったい何!?

母親　ホントよね。それと、しょっちゅう水色の封筒が届くんだけど……。

友人　うちにも来る！

彼氏　僕んちにも！

同僚　私んとこにも……。

母親　あれはウンザリするわ。

彼氏　ジャニーズのチケットとか、コンサートの申し込み用紙ですね。

母親　そうなのね。なんだか、チケットが届く日に自分の帰りが遅いと、すぐ電話がかかってくるんですよ。「水色の封筒、来たよねっ!?　開けて、セキバン教えて！」って。最初は「セキバンって何？」って思ったわ。

友人　うちにもメールが来ますよ。「おつかれ！　今日は暑かったね。ところで、チケットが届いたと思うんだけど……」って。

同僚　「おつかれ～暑かったね」までは、完全にオマケ（笑）。

友人　そうそう（笑）。で、少しじらしてやると電話がかかってくる。

彼氏　あのチケットって、すごく見にくく折りたたまれてるじゃないですか。彼女に電話でせかされながら急いで開いて、「えーと、40ゲート……」って言ったとたん、「あ、わかった。もういい。すごいサガッた」とか言うんですよ。

友人 私は、「センター3ブロック　1番」みたいな番号だったとき、異常に感謝されましたよ。「やっぱりあなたの番号は〝アタリ〟だ！」って。私のところには、不思議といい席ばかり届くみたいなんです。

同じコンサートを何回も見に行く不思議

同僚 そういえば私、実家に帰ったとき、電話でチケ取りさせられたことがありますよ。

彼氏 実家に帰ったとき？

同僚 私の実家、すごい田舎なんですよ。だから、都心にくらべてチケットぴあとか、電話がつながりやすいらしくて。「都内からじゃ絶対つながらないの。お願い、助けて！エッグスンシングスのパンケーキおごるから！」って（笑）。

友人 今度はパンケーキなんだ（笑）。

同僚 電話してあげましたけどね（笑）。

彼氏 みんな、やさしいなあ。

友人 彼氏さんだって、やさしいじゃないですか。っていうか、どうなんです？ 彼女がジャニヲタっていうのは。

彼氏 うーん（笑）。たまにあきれるし、不思議に思いますけどね。

母親 不思議って？

彼氏 たとえば、「なんで同じコンサートを何回も見に行くんだろう？」とか。

同僚 そうそうそうそう！

彼氏 不思議ですよね!? だって、まったく同じ公演を昼、夜続けてとか、ヘタすりゃ何日も見に行ってるんですよ。

友人 でも、本人に言わせると、毎回違うそうですよ。この前、「やっぱり2部も入って正解だった！ 自担、神だった！ 見なかったら死んでた！」とかさわいでたんで、聞いてみたんですよ。

母親 何が違ってたのかって？

友人 ええ。そうしたら、「1部にはいなかった○○くんのラインが2部から付いたとか、△△くんのソロが変更されたとか、先輩の誰それが観覧に来てたとか、偶然○○くんの衣装がはだけて胸が見えた」とかベラベラベラベラ……（笑）。

彼氏 でも、大ワクは変わらないわけですよねえ？

友人 たぶん……。でも、本人的には大事らしいですよ。

同僚 地方の公演にも行っちゃうしね。「夏休み、どっか旅行とか行くの？」って聞いたら、「うーん、旅行っていうか、遠征なら行く」って言われましたわ（笑）。

友人 遠征ね！　せっかく北海道に行ったのに全食コンビニだったとか、出雲《いずも》に行ったのに出雲大社をスルーしてきたとか、平気で言いますからね。

母親 もったいないわねぇ。

彼氏をオフィシャルツアーに押し込む

彼氏 そういえば僕、前に海外ツアーに付き合わされたことがありますよ。

一同 エーッ!?

彼氏 タッキー&翼の、オフィシャルツアーっていうのに。

友人　なんでまた……。

彼氏　たまたまずっと忙しくて、ゆっくりデートできない時期があったんですよ。で、もうしばらくすると落ち着くから、旅行でも行こうって話してて。そうしたら、「じゃ、台湾とかどう？　私、手配しておくから」って。

友人　うわ、巧妙……！

彼氏　気づいたときには、抽選に当選して、お金も払い終わってて。

母親　あなた、怒らなかったの？

彼氏　いや、さすがに「どういうつもりなの？」とは言いましたよ。でも、「あなただって、彼らの曲は好きで聴いてるじゃない。それに、自由時間もあるんだから、おいしいもの食べて、買い物とかもしようよ」って涙ぐまれて。

同僚　彼女、やりますね。

彼氏　こっちもケンカしたくはなかったし、まあいいかって。とはいえ、女性だらけだったから身の置き場はありませんでしたけどね。でも、ポツリ、ポツリと男性の姿もありましたよ。ご家族で来てる方とか、ご主人とか。

友人　そうなんだ〜。

同僚　なんか、ファンミーティングみたいなのがあるって聞いたけど？

彼氏　ありましたよ。タッキー&翼のトークショーと、写真撮影が。

母親　写真って、タッキー&翼と？

彼氏　ハイ。タッキーと翼くんにはさまれて、3ショットを撮りましたよ（泣）。

一同　う、わ〜！

彼氏　やっぱりアイドルって一般人とは全然違うから、できあがった写真を見て落ち込みました ね。同じ人間とは思えなくて（笑）。

友人　彼氏さん、いい人すぎて……！

同僚　コンサートもあったんでしょ？

彼氏　もちろん、ありました。コンサートが2公演。でも僕、公演中に気分が悪くなっちゃったんです。

母親　やだ、大丈夫だったの？

彼氏　なんとか（笑）。そのときは、会場がオールスタンディングのライブハウスだったんですが……。現地の人のパワーってものすごいし、日本のファンも負けじとがんばるし、もう頭がクラクラしてきちゃって。

友人 そりゃそうだわ。

彼氏 それで、「ごめん、気分が悪いから出てるよ」って言ったら、スタッフの人が心配して来てくれて。「こちらへどうぞ」って、2階のゲスト席に連れてってくれたんです。

同僚 へー！

彼氏 彼女も心配してついてこようとしたら、「お連れ様は、こちらでお楽しみください」って彼女だけフロアに残されたんです。

母親 あら。

彼氏 見ていてわかったんですが、ゲスト席にはいろんな関係者がいたんです。それに、公演の終盤には翼くんが2階にやってきて、目の前を通ったんですよ。

一同 おお！

彼氏 たぶん、そのとき一番間近で翼くんを見たのは、僕だったと思います。上を見上げて、呆然とした彼女の顔は今でも忘れられませんね。「ずるい！　ずるい！」って何度も言われましたよ。

母親 ……実は私も、一度娘に付き合わされてKAT－TUN？　亀梨くんが出てるコンサートに行ったことがあるんだけど。

同僚 まあ！

母親 それで、娘が「お母さんは、KAT－TUNの中では誰が好き？」って言うんで、「田口くんってコかしら」って言ったの。そうしたら、その田口くんがしょっちゅう私たちの近くに来たのよね。台に乗ったりして。

彼氏 台……トロッコってやつですね。

母親 そうなの？　で、田口くんはよく来て手を振ったりしてくれたんだけど、亀梨くんは最後まで来なかったの。もう、娘の落ち込みようといったら。「お母さんの担当ばっかり来て、ずるいよー！」って（苦笑）。

友人 そう言われましてもねぇ。

母親 ねぇ？（笑）

ジャニヲタは、見てて飽きない

友人 でも、あそこまで熱意を傾けられるものがあるって、うらやましい気もしますよね。

母親 それは私も思うわ。わが子ながらアッパレとも思うし。きつく言わなきゃろくに部屋も片づけないくせに、ジャニーズのグッズだけはやけに几帳面に整理してるし。亀梨くんのうちわとか、年代順にキレイに並べてあるの。

彼氏 うちわ！　彼女も死ぬほど持ってますよ（笑）。

母親 やっぱり？　前にちらし寿司を作ってるときうちわが見当たらなかったんで、「あんたのうちわ、貸して？」って言ったら、鬼のような形相で怒られたわよ。

彼氏 ふざけるなと（笑）。まぁ、見てると面白いですよね。

同僚 たしかに見てて飽きないわ（笑）。あとは……そう、上司にまで「嵐のファンクラブに入ってもらえませんか？」とか言うのはやめたほうがいいと思うけど、それ以外は愛嬌で許してやるかって感じかな。

友人 あと、好きなタレントの彼女のうわさを聞いたくらいで、マジ凹みしないほうがいいよって言っといてあげたい。夜中に電話してきて、「本当だと思う?」って会話をループされるのツライんで(笑)。

母親 そういうとき、どうやってなだめるの?

友人 ネットに書いてあることなんてアテになんないよって。それに、万が一本当に付き合ってたとしても、どうせすぐ別れるから安心しなって。

彼氏 大人だなあ!

友人 え……だってそうじゃないですか? あと、「もしあんたと彼に縁があれば、絶対付き合えるから」とも言いましたよ。

同僚 ……付き合っちゃったりしてね。

友人 可能性はゼロじゃないしね。

彼氏 あのパワーなら、やりかねないかも。

母親 娘の夫がジャニーズって、ちょっといいわね(笑)。

Part 3

会場で目撃！
老若女女ジャニヲタ図鑑

ひとくくりに〝ジャニヲタ〟と言っても、年代やファッションはさまざま。パッと見、全然それっぽくない人だってたくさんいます。だけど、バッグから飛び出たうちわの柄《え》と、ジャニ愛オーラは、まぎれもなくヲタの証《あかし》！

ジャニヲタ図鑑01

「うちら誰でも大好き！」こわいもの知らずのローティーン

コドモの無邪気さと、目ざめはじめた色気を武器に戦うリトルファイター。基本、「私なんか……」みたいな弱気は持ち合わせておらず、絶対的な自信を持って担当を応援する。元気いっぱいで可愛らしい反面、同じ年頃の同担や大人のファンが気に入らず、聞こえよがしに「マジ、ババアには来てほしくないんだけど」的な悪口を言うことも。好きなジャニに「今夜、襲っちゃうからね★　覚悟しとけよ（妖笑）」みたいなセリフを言わせた画像を作ったり、夢小説を書くのが大好き。コンサートの参戦回数は少ないが、入ったコンでは全力でアピール↓「10月10日の名古屋コンで大好き～！って叫んだら、オレも！って言ってもらったミカだけどおぼえてる!?」とか言い出す。プロフやツイッターのアカウントは、〝ミカ@ユウくんは永遠に私の王子(v_^)〟だったりするのに、ファンサをくれたジュニアにあっさり担降りしたりする。

【装備】ペンライト、カンペうちわ
【得意技】黄色い絶叫
【弱点】多ステ、遠征ができない

ジャニヲタ図鑑02

「リア恋だから、つながりたい！」実生活とジャニに揺れるハイティーン

まわりが見えてきて、バランスのとれたヲタ活ができる年頃。

バイト代でチケットも買えるし、親が許してくれれば夏休みに遠征もできちゃう。勉強や部活に忙しく、ジャニも大好きだけど、先輩も気になるし、バイトで知り合った彼も悪くない。彼氏欲しいからヲタ卒しようかな……なーんて思っても、コンサートに入ったらそんなキモチはどこへやら!? ステージで歌う担当はクソカッコイイし、ニッコリ笑って投げちゅーなんかされたら、ヲタ卒とかゼッタイ無理……。しかも、たまたま遭遇した担当の対応がいいと、「もしかしたら、付き合えるかも?」って思っちゃう。「ジャニと付き合ってる」っていうコのウワサを聞いたら、どうやってつながったか必死に調べて、ファンレターを書いて……。好きになりすぎて、他のコにファンサするのを見たくなくて、コンに行けなくなることも。実は一番デリケートな層。

【装備】制服、二連・四連うちわ
【得意技】感極まっての号泣
【弱点】リア恋してドツボにハマる

ジャニヲタ図鑑03

「彼氏いるけど、ジャニに夢中」おにゃのこ系（大学生～20代）

彼氏や好きな人もいるけど、やっぱり〝ジャニは別腹〟な、お姉さん。

彼氏とラブラブなときはしばらくジャニから離れても、別れたとたんヲタ復帰するケースが大半。〝疑似彼氏〟としてのジャニーズを、一番上手に楽しんでいるのがこのライン。高校までに比べて経済力が大幅にアップ&行動範囲も広がるので、愛用のカートを引いて日本全国遠征全ステ！　なんてこともこなしちゃう★　少々の無茶もできるから、チケット代のためにバイトをかけ持ちしたり、セクシーなシゴトをすることも。おしゃれも楽しい時期だから、コンサートにはヲタ友と双子ちゃんファッションでキメたり、コスプレしたり、浴衣を着たり……女のコらしさ全開で乗り込みます！　会場にいるとすごく華やかだけど、メイク直しが必死すぎたり、どこでもアイロンを出して髪を巻いたりするので、ちょっとだけウザかったりもします。

【装備】二連うちわ、ペンライト、ダッフィー
【得意技】肩見せ、谷間見せ
【弱点】彼氏のヤキモチ

ジャニヲタ図鑑04

「見てるだけで幸せ」コンサバ系（30代〜40代）

祈るようにただひたすら担当だけを愛する、シスターみたいなヲタ。

原則として浮気やかけ持ちはせず、担当の出る公演のみに足を運ぶ従順さが特徴。というか、担当以外のジャニーズ、とくにジュニアはまったく知らなかったりする。

恋愛にはあまり積極的になれず、合コンにも興味ナシ。「ま、そのうち……」って思っていたら、わりといい大人になってたパターン。でも、知らない人と気を遣《つか》って食事するくらいなら家で担当のラジオでも聴いていたいし、メンバーがわちゃわちゃしてるエピソードを聞くと、「もー、仲よしなんだからぁ〜」って本当に幸せな気分になる。「担当に彼女？　もちろんいるに決まってると思うけど、もしかしたらいないかもしれないし……いや、いないってことで決定！」という思考回路を持つ。ファッションは控えめでおっとりさんが多く、居心地のいい実家住まいの女性が目立つ。

【装備】ペンライト、公式うちわ
【得意技】詳細なコンレポ、全国遠征
【弱点】担当のリアルな女ネタ

ジャニヲタ図鑑05

「リモート応援ならまかせて！」お茶の間系（おもに主婦）

テレビをフィールドに活躍するジャニに熱視線を送る、お茶の間応援隊。

ドラマにバラエティー、ワイドショーやニュースまで、ジャニが出る番組をくまなく網羅し、偏りなく情報を集めるのが得意。テレビを見ながらツイッターで実況したり、友達とツッコミトークをするのも慣れたもの。しかしテレビに映らないジャニにはまったく疎《うと》く、コンサートのネタバレ的な話題ではカヤの外。また、ドラマに出たジャニを見てファンになるなど、いわゆる〝○○出《で》〟となりがちなのもこのタイプ。

基本的に〝テレビで見られるカッコいい男の子〟が好きなので、実はジャニでも韓流でも俳優でも仮面ライダーでも、なんでもよかったりするのかも？　ごくまれにコンサートに行く際はやたらと力が入り、わが子にジャニのコスプレをさせたがる……が、残念ながら衣装と髪型以外、似ても似つかない場合も少なくない……かな。

【装備】公式うちわ、コスプレさせたわが子
【得意技】実況ツイート、鬼女板書き込み
【弱点】家族の目があり、あまりコンに行けない

ジャニヲタ図鑑06

「息子よりジャニーズよ！」超ふっきれたマダム系

妻として、母としてのしばりが解かれた、自由気ままなマダムヲタ。

子育ても終わり、夫もまとわりつかないので、気兼ねなくジャニ活にいそしめるのがこの世代。正統派の美青年、美少年のジャニを好む傾向があり、とくに舞台系の公演に通い詰める。女性としてもギラギラした欲望はついえており、「純粋に美しい男の子を愛《め》でたい」、「娘と結婚してほしい」、「ウチの息子と交換したい」みたいな、大味な目線で応援しがち。家計を完全に掌握《しょうあく》しているので、「パソコンなんてまったくワカラナイけど、山PがCMに出てるからノートPC買っちゃったわヨー！」的な豪快な買い物もいとわない。

また、母親目線でジャニに言いたいことをつのらせており、「今度握手会があったら、あれもこれも言ってやらなきゃ！」などともくろむが、実際は舞い上がって「キャー！」しか言えず、あとで凹んだりすることも。

【装備】ペンライト、公式うちわ
【得意技】質問コーナーでの無茶な要求
【弱点】ネットでの情報収集

ジャニヲタ図鑑07

「私のやり方で愛させてもらいます」独自路線系（年齢不詳）

「あの人、また来てる……」と思われる、独自活動が目立つヲタ。

美人だったり、個性的なファッションをしているなど、ルックスや行動に特徴があり、神出鬼没。スタンドプレーを好み、あまり人とつるまない。気がつけばいつもさりげなくいいポジションに入っていて、たまに見かけないと心配になったりする。

ひいきのジャニはいても、まんべんなく公演を見てまわる〝事務所担〟が多く、いつもどこかしらの会場でステージを見つめている。派手な応援はせず、鑑賞マナーはいいが、知らぬ間にスルリと規制退場を突破するなど、ぬけめがない。思いのまま動ける自由業やセレブ、専門職、管理職の女性がおもで、財力もかなりのもの。理解あるダンナや彼氏がいたりするが、ソレはソレ、コレはコレ。自室には、担当のポスターやうちわが所せましと飾られていて、ホントはかなりの夢見がち。

【装備】ペンライト、自作うちわ
【得意技】良席の多ステ、海外遠征
【弱点】2人参加の番協《ばんきょう》に応募しづらい

ジャニヲタ図鑑08

「男だって、ジャニーズが好き！」タレも喜ぶ男性ヲタ

「男ですが、なにか?」と、潔いスタンスでジャニ活をする男性ヲタ。

とくにチビッコジュニアを追いかけるタイプと、美少年系ジャニに耽溺《たんでき》するタイプに二分されるが、いずれも温和な人が多い。前者はファンサうちわを作ってチビにお手振りをもらったり、シャカリキに『勇気100%』を踊ってチビの気を引いたりすることにヨロコビをおぼえ、後者はジャニのヘアスタイルや服装をまねしたり、ヒトカラで担当の持ち歌をコピることに努力を惜しまない。前者が同じ趣味の男性どうしでつるみがちなのに対し、後者は女性ファンの友人や、ときには母親と仲よくコンに参戦したりする。彼女に付き合わされてコンに来た男性たちの〝やらされてる感〟に比べ、自発的にやってきた彼らのすがすがしさはアッパレ。男性というだけでいじられたり、握手会でサービスされたりもするので、どっちにしろウラヤマシイ存在。

【装備】公式うちわ、ペンライト
【得意技】野太い声
【弱点】よくも悪くも目立ってしまう

ジャニヲタ用語集②　応援スタンス編

【かけ持ち】複数のタレントを応援すること。略称〝カケモ〟。ただ、どっちつかずで浮気なイメージがあるためカケモを快く思わない人や、カケモと自称するのをためらうヲタも多い。ひとりだけを思うのは素敵なこと。でも、自然と惹かれて複数の人を思うのも、また素敵なこと。

【事務所担】ジャニーズ事務所のタレントすべてを応援する人。ジャニーズそのものが好きで、ジャニの公演なら分け隔てなく足を運ぶ。

【全ステ】全ステージ制覇の略。予定されているすべての公演に入ること。

【多《た》ステ】複数回公演を観に行くこと。また、足繁《しげ》く公演に通う人。コンサートに通いつめるのを生きがいとしている人は、〝コンガッツ〟とも呼ばれる。体力や財力にガッツを感じる、がっついている、などが語源と思われる。

【担降《たんお》り】応援するタレントを変えること。「Aくんの担当だったけど、気持ちが離れてBくんを好きになってしまい、B担になる」ときは、「AくんからBくんに降りる」という。

【○○出《で》】人気ドラマやバラエティー番組などをきっかけにジャニーズのファンになった人のこと。たとえば、ドラマ「ごくせん」を観て出演者のファンになった場合〝ごく出〟、「美男ですね」の場合〝美男出〟と呼ばれる。

【同担《どうたん》】同じタレントを担当（＝応援）している人。〝同担拒否〟とは、同じタレントのファンを受け付けられない人のこと。

Part 4

コンサートから日常まで！
シーン別あるある

熱狂のコンサート、握手会のさなか、オフィシャルツアーのつどい、ドラマの鑑賞中など、どんなシチュエーションにも〝あるある〟はついてきます。クッソ脱力の〝あるある〟から、キュンとする〝あるある〟まで大集合！

コンサート編

♥チケットあるある♥

ふだんはケチでも、チケ代は別腹。

✤

振り込みは最大の防御。

「チケットの申し込み期限今日までだけど、お金ないからあとで探そっと！」……そんな判断をした自分を何度ブンなぐりたくなったことか。チケ難民になるくらいなら、多少苦しくても今振り込むほうがゼッタイにマシ！

✤

あちこちの郵便局で振り込んでみる。

「複数の公演を申し込むときは、郵便局を分けるといい」、「行きたい公演の会場そばの郵便局で振り込むと、絶対当たる！」など、当選のジンクスもばかにできないっ。

✤

せっかくのチケが不良債権になる。

激戦と予想して振り込みすぎたチケットが思いがけずダブつき、不良債権と化すことも、たまにあります。その悔しさときたら！

✤

千秋楽の追加詐欺に遭《あ》い、予定が

だいなしになる。

「やった！　千秋楽当たった！」と狂喜したのもつかの間。そのあとに追加が入り、楽のはずが前楽に……。すべてが確定するまで、気がぬけない。

✤

つねに振り込み用紙を持ち歩いている。

「やっぱり、もう1公演振り込んでおけばよかった！」って思うことはよくあります。いかなるときも、バッグに振り込み用紙を！

✤

ふだんはつれないのに、チケットの申し込み時期だけすり寄ってくる友。

✤

チケットが届く前にヲタ友とケンカし、連絡しづらくなる。

これはジャニヲタ憲法第二章二項（嘘）で触れられていますが、「チケットヲ手ニスルマデハ、心シテ温和ナ関係ヲ保ツベシ」ということであります。もうとっくにチケットは届いているはず。それなのになしのつぶては、あまりにもツライ。……とりあえず、LINEでおもしろスタンプでも送ってみる!?

✤

やっとナビにつながったと思ったら、ナビの先がお話中。

✤ せっかくナビにつながったのに、はずみで電話を切ってしまって死ぬ。

「どうせまたクマるんだろ」……と条件反射で切ってしまった通話ボタン。100回くらいリダイヤルしてやっとつながったのに……もう、自分のバカバカバカバカ！

✤ 友達がナビにつないでくれると、神様に思える！

✤ 彼氏がナビにつないでくれると、惚《ほ》れ直す。

✤ なかなか当落確認してくれない友にイライラする。

✤ 座席を報告すると、「わ、遠いね〜」とか言われてキレる。

✤ チケットに印字された〝立見〟の文字を見て、なにかの間違いじゃないかと思う。

✤ 「席にこだわらない方」という条件で譲ってもらったチケットが神席だった。

「どのようなお席でもこだわらず、楽しんでいただける方」という条件に、「入れるだけで嬉しいので、席は伏せていただいてOK」と譲ってもらったチケットが、最前列の、どセンターとか！　〝金の斧《おの》と銀の斧〟の話のように、ピュアな心が良席を呼ぶことも、あるのです。

✤

一致団結して、アリーナ構成を割り出す。

公演ごとに変わるアリーナの座席。どのブロックがおいしいのか、通路脇は何番になるのか、チケが届こうものならみなで情報を出し合い、アリーナの予想図を作ります。

♥うちわ作りあるある♥

✤

ハンズでうちわの材料を買い込む。

コンサート数日前の東急ハンズや100円ショップは、よりよい素材を求めるジャニヲタでごった返します。ジャニショが近い原宿のダイソーは、さすがの品ぞろえ！

✤

コンビニのコピー機に、うちわの型紙を忘れてくる。

「あの～、さっき忘れ物しちゃったんですけど……。あ、はい。それです。〝潤くん、10秒見つめて〟って書いてあるやつ……」。

✤

♥コン当日あるある♥

自担の名前の字画が多すぎて、うちわを作りながらキレる。

✤

個性的にしすぎて、よくわからないうちわができあがる。

「誰も持っていないうちわにしたい！」との思いが迷走し、ローマ字にしてみたりしたあげく、解読しづらい妙なうちわができてしまうことも……。

✤

ついにうちわ作りを外注に出す。

手先の器用な友人に、文字の切り出しを頼んだり、フォントをデザインしてもらったり……。使えるものはなんでも使います！

✤

うちわの柄《え》が見えているわけでもないのに、その人がジャニヲタだと見破れるようになる。

「同族はニオイでわかる」と言いますが、コンサートに向かう車中で、「この人、もしや？」と思うと、やっぱり行き先が同じだったりするのです。

✤

コンサート時のマイナー路線は、〝ジャニヲタ専用列車〟と化す。

✤

ジャニヲタ満載のシャトルバスで

は、ジャニのデリケートな話題は避ける。

会場に向かうバス内では、誰担がそばにいるかわかりません。ダメ出しやネガティブな発言は極力避けたほうが無難。あたりさわりのない会話が、車内の平和を守ります。

✤

グッズ購入の際、担当のあだ名で指定するも、スタッフに言い直される。

ヲタ「亮ちゃんのうちわください」→スタッフ「錦戸くんのうちわでよろしいですか?」

✤

チラシをクリアファイルにしまう。

双眼鏡で関係者席をガン見する。

✤

開場直後なのに、「今からグッズに並んでも開演に間に合いません」というアナウンス。

じゃあいつ並べばいいんだよ?

✤

〝良席〟の正体は天井席。

「会場全体がよく見渡せる、すばらしいお席です!」と言って渡されたチケットは、事実上4階の天井席。ものは言いよう……。

✤

ゴルゴ13のように、4連うちわを

組み立てる。

担当の名前を一文字ずつ書いたうちわをガムテで接着して、4連にするヲタ。スタンド席で黙々とうちわをつなぐその姿は、まるでライフルを組み立てる殺し屋のようです。

✤

開演前、場内に流れるビデオを見て、いちいち歓声を上げる。

✤

開演するまで、うちわは伏せてヒザに置く。

なぜか、うちわのオモテを見せない人が多いですね。開演で答え合わせって感じ!

✤

隣席が他担とわかると、とたんに優しい気持ちになる。

自担が通路に登場する公演で。「通路側は私だからね。○○くんに手ェ出したらなぐってやる!」くらいピリピリしていたのに、隣が他担とわかるやいなや、「あ、△△くんの担当ですか? 通路来たら替わりますね♡」みたいなまろやかな気になることも……よくあります。

✤

ひと目たりとも見逃せないシーンなのに、隣の人が遅れて入ってくる。

✤

付き合いで入った友達に、担当のサインボールが飛んでくる。

「うわー！　取っちゃった！」と、はしゃぐ友になにも言えず涙をこらえる……。

✤

担当が通ったら、匂いをかぐ！

フワッと甘い香りがしたりして、もうドキドキ。

✤

自担が通った花道を、そっと手で触れてみる。

✤

リボンテープを取るため、はからずも阿波踊りしてるところを自担に見られる。

最近、ハヤリの〝落ちモノ〟が、蝶《ちょう》のようにヒラヒラ舞うリボンテープです。リボンテープは動きが変則的なので、あっちに行ったりこっちに行ったり、つかまえるのは容易ではありません。「あっ、来た！　あれ、あれれ？」などと両手を振り上げるさまは、まるで阿波踊りのよう。好きな男に見られたくはありません。

✤

うかつにも、カッコいいコンスタに惚《ほ》れる。

✤

色紙を奪い合って、係員にジャン

ケンをさせられる。

✤

隣席の同担に威嚇《いかく》される。

✤

両面テープで、傷《いた》んだうちわの応急処置。

✤

会場トイレへの最短ルートを知っている。

✤

いつでも買えるとタカをくくっていたグッズが売り切れる。

✤

「帝国劇場」のシールが貼ってあるだけで、特別なものに思える。

なんてことないキャラメルやチョコレートでも、〝帝劇《ていげき》〟ブランドの威力でありがたみのあるものに思え、ついおみやげにしちゃったりします。

✤

ロビーや関係者席でジャニーさんを見かけ、思わず拝む。

ジャニーさんを見ると、「自担がんばってます。ソロ曲ください！」、「担当Gに冠番組ください！」、「デビューさせてください！」など、さまざまな〝願〟をかけてしまいます。

✤

関係者席で自担の家族を見つけ、

「お義母《かあ》さま……」とか呼んでみる。

関係者席に目をやると、たまに自担ご一家が鑑賞しています。彼にそっくりなお兄さま。よくMCのネタになる甥《おい》っ子くん。そして彼のお母さまを見かけると、思わず「お義母さま……」と呼びかけてしまうのです。

✤

自担と共演した俳優が観に来ると嬉しいが、女優が観に来るとモヤッとする。

✤

何十回と観た公演は、ついつい眠ってしまう。

✤

しかし、関係者席で寝ている招待客は許せない。

自担の見せ場なのに爆睡してるオッサンとか……。ってか、なんでそんな良席にいるんだよ？　替わってくれよ！　とか思います。

✤

公演期間中は、毎日同じ店でご飯を食べる。

数日間同じ公演に参戦する際は、会場付近でヲタの入りやすいお店は限られているので、おのずと行動パターンが決まってきます。だいたい同じ時間に、だいたい同じ店に入り、だいたい同じものを食べるのです。

✤

コン会場で買える軽食は食べ飽きた。

帝劇《ていげき》のチュロスとか、肉まんとか、たこやきとか……。いっそ会場にマックとかケンタとかミスドあたり入れてくれないかな?

♥ファンサあるある♥

自担のサービスをとりこぼさないよう、入念に計画を練る。

「このシーンのあと、○○くんが通路に出てくる!」など、演出の流れを読み、振り向くタイミングや、タッチしてもらうポイントをきちんと押さえるように……なりますね。

✤

それなのになぜか、他担にばかりサービスする自担。

✤

干されすぎて、自虐的なうちわを作る。

干される前↓「こっち見て!」、やや干され↓「こっち見てくれたらうれしい!」、干されすぎ↓「お願いです! どうか見てもらえませんか?」

✤

干された者どうしでキズをなめあう。

✤

自担に、干した理由を問い詰めたくなる。

1部では構われまくったのに2部では干され、その落差にとまどう。

「ねえ、〇〇くん！ 私なにかした？ 1部はあんなに優しくしてくれたじゃん？ なにかあるなら言って！」と不安になる自担の態度。しかし、たいていはただの気まぐれだから気にしない！

ファンサは1公演1回もらえれば御《おん》の字。

「同公演で、同じヲタに、何度もファンサしない」というポリシーのタレも少なくないようです。あまりがっつかないことも大事。

花道に続々投げ込まれるタオルを、パーフェクトスルーした自担。

タレントさんによって、ファンサの考え方はそれぞれ。タオルを投げたら投げ返してくれる人もいれば、「そういうのはマナー違反」とみなす人もいます。いつぞやのコンサートで花道にタオルが投げ込まれ、ボクシングの強制終了みたいになった際、完全無視して去った自担に〝漢《オトコ》〟を感じました。

自担にスルーされてキレてたら、

代わりにファンサしてくれた他メン。

ツンデレなのかなんなのか、「自分のファンにはあまりサービスしない」というタレントさんも存在します。絶対見えてるし、目合ったし、うちわ読んだくせにスルーとか！　ムッとしていると、気配を察した他メンがやってきて、「まぁまぁ」みたいなフォローファンサをくれたりするのです。

✤

サインボールをめぐる争いをたしなめる自担。

客席に投げられたサインボールをめぐって、ヲタがゴツいバトルを始めたことがありました。それを見ていた自担、「ケンカしてもらうために投げたんじゃないよ。返して？」と言ってヲタからボールを取り返しました。彼なりのケンカ両成敗にグッとくるなど。

✤

自担が投げたタオルを取ったら、「半分ちょうだい」と言われた。

自担が投げたタオルをナイスキャッチ！　大喜びしていたら前の人が振り向いて、「私ハサミ持ってるから、半分ちょうだい」とか言うじゃありませんか!?　え、意味わからない。でもたまにそういう人、いる……。

✤

昨日まで干され席だったのに、今

日から自担が降臨！

たまに、こんなステキな演出変更があることも……！　昨日までのクソ席が、またたく間にプラチナシートに変わります。

✤

まれに自分ひとりだけファンサをもらえると、周囲が祝福してくれる。

どういう気まぐれか、自担が自分だけにタッチしてくれたり、うちわを読んでくれたりすることがあります。あまりにもあっけらかんとしていると、まわりも思わず「よかったですね！」なんて言ってくれたりするのです。

♥ヲタ同士の助け合いあるある♥

リボンテープが取れずやきもきしてたら、隣の人がうちわであおいでくれた！

✤

銀テープが取れずガッカリしていたら、前の人が分けてくれた！

指先のわずか数ミリ先をかすめていった銀テープ。取れなくてガッカリしていたら、前の人が分けてくださった！　柵の向こうに落ちた銀テープを、せっせと集めて取ってきてくれるコンスタにも、「でかした。ご苦労！」と言ってあげたいです。

✤**自担がそばに来たら、隣の人がそっと席を替わってくれた！**

通路から2席目の席に入ったとき。自担が来た際、通路側の人が私のうちわを見て席を替わってくれたことがありました。ヲタとして、大変イキなはからいでした。こういうのは、ぜひマネしたい（隣がいい人ならね）。

♥サイン色紙あるある♥

サイン色紙は自担からのラブレター。ぜひともゲットしたいものです。しかし、手にできるのはほんのひとにぎりのヲタのみなうえ、「？」と首をかしげるメッセージもちらほら。

✤**サイン色紙に難解な言葉が書いてあり、それはそれで萌《も》える。**

✤**テキトーな言葉が書いてあり、それもそれで萌える。**

✤**まったくの定型文が書いてあり、まあ公平だよなと納得する。**

✤**不安をあおる絵が描いてあり、自担大丈夫かよと心配になる。**

✤**せっかく自担が投げた色紙が、ブ**

ーメランのようにステージに戻る。

✤

せっかく自担が投げた色紙が、天井に引っかかってしまう。

✤

せっかく自担が投げた色紙が、機材のウラに落ちる。

✤

せっかく自担が投げた色紙が、あろうことか関係者席に落ちる。

✤

せっかく自担が投げた色紙が、サンチェのところに落ちる。

✤

そしてサンチェに没収される。

♥帰路あるある♥

コンの帰り道、バッグが突然光る！　……と思ったらペンライトのスイッチが入ってた。

✤

コンサートのMCで自担が、「今日カレー食べたんだ！」とか言ったら、夕飯はカレーにする。

✤

カラオケボックスでPV鑑賞。

帰りにジュニアが同じ電車に乗ってきてしまったら、透明人間になって見守る。

✤

コンサート翌日のスポーツ新聞は、全紙チェックする。

♥お留守番あるある♥

試験や仕事でコンに行けないと、お城に行けないシンデレラみたいな気持ちになる。

✤

公演に参加できない日は、脳内コンサートを開く。

✤

ボタン電池を買いだめする。

多ステを続けると、さすがにペンライトの光も弱まってきます。最近のペンラには、LR44というボタン電池が6個使われていますが、Amazonで頼んでおくと便利よん！

♥こういうヲタいるいる♥

チラシをひとりで100枚くらい持っていくヲタ。

✤

「質問ある人！」で「ハイ！」っ

て手をあげたくせに、いざ指されると「○○くん大好きです！」とか言うだけのヲタ。

✤

いつも、「今日、私の誕生日！」ってうちわを持ってるヲタ。

✤

うっかり本命に副担のうちわを見せちゃうヲタ。

✤

カメラが向いたとき、うちわで顔を隠すヲタ。

インタビューコーナーなどで、客席がカメラに映る場合があります。ちょっとでもカメラが向こうものなら、あわててうちわで顔を隠すヲタがいますが、逆にタレにいじられてしまうケースも、多い。それでもなおうちわ越しに話す姿は、平安時代の姫のようです。

✤

オールスタンディングの会場なのに荷物を持ったまま入り、微動だにしないヲタ。

✤

隣がもらったファンサなのに、勘違いして狂喜するヲタ。

✤

わが子を腹話術の人形がわりにするヲタ。

親子席でよく見られる光景。タレ「誰が好きなのかな?」↓子供「……」↓親（子供の声音で）「相葉ちゃんのことが大好きです！」

✤

遠方からのファンに対抗し、中途半端な地元のうちわを出すヲタ。

〝台湾から来たよ!〟、〝沖縄〟など、遠路はるばる系のうちわは、いじられやすいもの。つい対抗して〝茨城〟、〝静岡〟みたいなうちわを出すヲタがいるけど、それ微妙……。

✤

公演中メモを取るうち、暗闇でも目がきくようになるヲタ。

✤

横アリの座席のすきまに、うちわを落とすヲタ。

横浜アリーナのアリーナ席には〝魔のすきま〟があり、うちわやパンフレットを飲み込もうと待っています。「気をつけなきゃね～」と言った直後に、うちわを落とすヲタ多数。

♥ひさしぶりのコンあるある♥

ひさしぶりに入るコンサート。ひさしぶりに会える自担。けっこう萌《も》える演出もあるっていうから、うちわも新調したし、すごく楽しみにしてきた！

なのに、なぜ……？

✤

ひさしぶりのコンなのに、サング

ラスを外さない自担。

✤

帽子を目深に被ったままの自担。

✤

今日に限って胸をはだけない自担。

✤

機嫌悪そうな自担。

✤

MCでまったくしゃべらない自担。

✤

チャックが開いてる自担。

✤

ゲストが来てコーナーをカットされる自担。

✤

別仕事で欠席する自担。

♥VTR収録日の自担あるある♥

開演前に流れる、「本日、VTR収録のため、一部客席にカメラが入っております……」とのアナウンス。ヤッホー！　DVD化フラグ立ちました！　なのに、なぜ……？

✤

VTR収録日だからって、ヘアセットに力を入れる自担。

✤

せっかくVTR収録日なのに、ニキビできちゃってる自担。

せっかくVTR収録日なのに、見せ場で失敗する自担。

✤

せっかくVTR収録日なのに、声が裏返ってしまった自担。

✤

せっかくVTR収録日なのに、MCでキョドる自担。

✤

VTR収録日だからって、張り切ってファンサする自担。

✤

VTR収録日だからって、いつもよりジュニアを構う自担。

✤

VTR収録日だからって、多めに香水をつける自担（↑無意味）。

♥遠征あるある♥

✤

ヤコバで寝ながらシートパック。

夜行バスが現地に着いたら、大好きな彼に会える！　今のうちに、しっかり磨いておかなきゃね。は？　人の目？　いやむしろみんなパックしてて、全員オバケみたいですけど？

✤

ひとりで遠征。道に迷っても、そ

れらしい人についていけばたどり着ける。

✤

人見知りでも、会場までのタクシーは相乗りできる。

✤

タクシーの運ちゃんに応援される。

何度も駅やホテルと会場を行き来しているタクシーの運ちゃんが、フレンドリーに話しかけてくることがあります。「今日は○○のコンサートなんだって？　がんばってきてね。でも、△△くんより私のほうがイケメンだと思いますけどねぇ」とか。運ちゃん、最後の一言、いらない。

✤

地方コンのある日、宿や交通をヲタが占拠して、一般の人に疎《うと》ましがられる。

✤

遠征の夜、会場で見かけたヲタと大浴場で再会する。

「あれ？　あの人、２列前で知念くんのうちわ持ってた人だ。あっちは隣にいた山田くん担……」みたいなことが、そこかしこで。

✤

遠征の朝、眠い目をこするヲタとホテルロビーで行き会う。

✤

空港ロビーでぼーっとしていると、自担ご一行がやってきて、一気に目が覚める。

✤

たまたま見かけた自担の私服姿にコーフンする。

衣装も好きです。でも、私服だって大好きです！　空港などで偶然、私服や私物を見る機会があると、一気に気分がアガります！

✤

ジャニタレが本当に〝ジャニ持ち〟してるのを見ると感激する。

バッグを肩にかつぎ、持ち手を指先で持つ。ジャニタレというか、若い男の子がやりがちなバッグの持ちかたを〝ジャニ持ち〟と言います。藤ケ谷くんがけだるそうにジャニ持ちしてた！みたいなシーンに出くわすと、「パンダが笹食べてる！」的な感動をおぼえます。

✤

自担の部屋割りや打ち上げの話に飢えている。

✤

新幹線の駅でSPにガードされる自担を見かけ、気分がアガる。

✤

笠寺《かさでら》駅のホームから落ちそうになったことがある。

日本ガイシホール（名古屋）の最寄り駅・笠

寺駅のホームは大変せまく、公演前後はヲタがあふれ落ちそうになることがしばしば。

✤

仙台では、入場と同時にトイレに並び、事後再びトイレに並ぶ。

セキスイハイムスーパーアリーナ（仙台）はトイレが少なく、必要以上に長蛇の列ができます。トイレに行きたくなってもすぐには入れないので、何度も並んでおくハメに。

✤

ビスタルームで、ついムスカってしまう。

京セラドーム（大阪）の6~8階にあるビスタルームは、バルコニー付きの特別観覧室です。会場を一望できるその眺めに、思わず「人がゴミのようだ！」と言ってしまいます。

♥コンサートグッズあるある♥

パンフがおさまらない、微妙なサイズのコンバッグ。

たいていのコンサートグッズには、買ったものをしまえるトートバッグがラインアップされています。とくにパンフレットはかさばるので、トートバッグはとっても便利……な、はずなのに！　なぜか「袋の口からパンフが5センチ飛び出る」みたいな煮え切らないサイズのものもあり、舌打ちしたりするのです。

✤

自己主張のすぎる、バカデカいパンフレット。

「これを手にしたヲタは、このあと会場のトイレに寄り、レストランに入り、電車にも乗るのだろう」。そんな想像力と思いやりに欠けた、常軌を逸したデカさのパンフレットがまれに登場します。彼のことは大好きですが、今もって「オレオレ!」なパンフを書棚の端に見るたびに、苦い思いがこみ上げるのです。

✤

ヲタの年齢に配慮した、小ぶりなパンフレット。

かと思えば、変に分別のあるミニサイズのパンフも、ヲタの心をさざめかせます。ソロ公演系でよく見られ、一見、アイドルのパンフに思えないシックなデザイン。せいぜいA4サイズ、ヘタしたらB5くらいのそれらは、「母さん、もう若くないんだから無理しないで」的な観点で息子が選んだひざ掛け、みたいな居心地の悪さを呼び起こすのです。

✤

「どうすんだよ!?」の、ボクサーブリーフ。

プレゾンのグッズに、男性用のボクサーブリーフが出たことがありました。出演者も着用していて、ときおりチラ見せしてくれましたが、いかんせん女性ヲタが着るには難易度高すぎ……。「息子に買っていこうかしら」というマダムを何人か見ましたので、それが正しい方向性だったのかもしれません。

✤

付けて1週間後には、チャームがなくなるストラップ。

得意気にケータイに付けてはみたものの、気づけばぶらさがっているのはただのヒモ。ふだん使いするグッズは、心して丈夫に作っていただきたいものです。

✤

なぜそのシーンを選んだのか疑問な、ステージフォト。

ステージで活躍する彼をとらえた写真、本当に嬉しいんですが、「もっといいトコあっただろ?」と思わずにはいられないセレクトもしばしば。ポーズはいいけど顔けわしすぎ!とか、盛《も》れてるけどポーズおもしろすぎ!とか。テーマパークのアトラクションで無理矢理撮られた写真、みたいな落ちつかなさを感じるものも、多いのです。

✤

某雑貨店の定番品にそっくりな、エコバッグ。

いや、毎回コングッズをデザインするのも大変なんだろうとお察しします。インスパイアとパクリとリスペクトとオリジナリティーの狭間で、いろんなアイデアが出るのだろうと思います。「もうこれでいいんじゃね？」的な判断でGOが出たと思われる嵐のエコバッグ、私は高く評価しています。

✤

多用すると流れ星になってしまう、ペンライト。

今では、各コンサートごとにオリジナルペンライトが作られますが、各コン共通の定番ペンラというものも存在します。数年前まで7色に光る星型のペンライトがありましたが、これは作りが大変もろく、公演中振っていると☆が取れて流れ星になる！という悲劇がそこかしこで見られました……。

✤

「やっと買えた！」と思ったら色違いがある、ぬいぐるみ。

「おひとりさま1個のみ」と言われた犬（ヒデゾー）のぬいぐるみ。どうにか買えてホッとしたのもつかの間、隣の人のを見たら首輪の色が違う!!　え、そっちの色がよかった!!　そういうの、ホント前もって言ってほしい！

✤

コンバッグらしからぬ、コンバッグ。

タレントさんの中には、「いかにしてジャニグッズに見えないグッズを作るか」に魂をそそぐ方々がいるようです。ロゴは極力小さく、もしくは入れずにコンセプトアートのみ入れる。日常でも使えるように、なるべくダサくならないようにがんばってくれるその姿勢、嬉しいです、山P（おっと、実名！）。

✤

大人ヲタを固まらせる、ヘアアクセサリー。

ピンクのシルクハットの付いたヘアピンとか、カラフルなシュシュとか。10代のヲタ向けのヘアアクセサリーは、扱いが難しいところ。ディ○ニーランドで、「なんか文句ある？」的に付けてしまうカチューシャのように大人が付けてもいいけれど、ギリギリで理性が働き、シュシュは手首に、ヘアピンはバッグのフチに、付けてみたりするのです。

✤

なぜ抱き枕を作らないのか、意味がわからない。

これがあったら、どんなに高額でも爆発的に売れるに違いない……それは自担の抱き枕！自担の全身（正面と背面）がプリントされていて、ちょっとラフな着こなしだったりしたら、もう最高！　G全員が好きなら、人数分ベッドに並べたっていい！　作って！　一刻も早く作って！

♥グッズ列あるある♥

✤

グッズ列に並ぶ間に、周囲の人の

恋愛事情を把握している。

✤

グッズ列に並ぶ間に、周囲の人の仕事事情も把握している。

✤

グッズ列に並ぶ間に、もれ聞いた人の悩みを脳内で解決してみる。

✤

グッズ列に並ぶ間に、周囲の人の参戦状況まで把握している。

✤

グッズ列に並ぶ間に、（寒ければ）晴天や（暑ければ）日陰のありがたさを実感する。

✤

グッズ列に並ぶ間に、なんでジャニーズウェブは通販をやめちゃったのかとぼやき始める。

✤

グッズ列に並ぶ間に、駅弁みたいにグッズ売りに来いよ！とも思い始める。

✤

グッズ列がガラガラでも、それはそれでさみしい。

♥オフィシャルツアーあるある♥

ジャニーズが海外でコンサートを行う際、日本のファンを対象にしたオフィシャルツアーが組まれることがあります。ツアーではコンサート鑑賞のほか、〝つどい〟と呼ばれるファンミーティングがあり、おもにそれを目当てに参加するヲタが多いのです。

✤

とりま、現地の新聞を総ざらえする。

ホテル近くのコンビニは、ヲタが一気に新聞を買いあさってカラッポになります。

✤

相部屋で、独占欲の強い同担と緊迫した夜を過ごす。

これ、すごくツライ。いっそ、ひとり部屋という選択もオススメです。

✤

相部屋で、気の合う同担と楽しい夜を過ごす。

これ、すごく楽しい！　相部屋は博打《ばくち》でもありますが、いい人に出会えたら最高。

✤

現地ヲタと熱いエールを交わしあう。

現地ならではのサプライズを計画する地元のヲタに、前向きな気持ちで協力を誓います。

✤

〝つどい〟が始まるまでは、おたがい静かに様子見する。

自分史上、最強のメイクアップ&ドレスアップをほどこし、息をつめて〝つどい〟の始まりを待ちます。あ、彼が入ってきた……！

✤

〝つどい〟が終わると、一気に緊張がとけて場がほぐれる。

型からはずれたプリンのように、場の空気が瞬時にゆるみます。そして、興奮さめやらぬ者どうし、熱いトークに突入するのです。

✤

〝日本人ファン〟というくくりで、連帯感に満ちた応援をする。

✤

国内ではめったにない、自担の過剰サービスを目の当たりにする。

あまりのサービスぶりに、「なによー！　日本じゃ絶対あんなことしないくせに〜！」と、ちょっぴりむくれてしまうことも……！

✤

自担との記念写真を写メしあう。

✤

自担が訪れたレストランをたどっていく。

✤

現地ファンに、「なぜ日本でもファンミやらないんですか？」と聞かれ、「こっちが聞きてぇよ！」とか思う。

♥こういうヲタいるいる2♥

アンコールで拍手しないくせに、タレが出てくると「キャ〜！」とかいうやつ。

✤

アンコールを楽しむ資格があるのは、アンコールの拍手をした者だけです。人に拍手をまかせてメールとか荷物整理とかしてたくせに、「キャ〜！」とか、ないわー。

✤

名もなきチビッコジュニアから、がっつりファンサもらおうとするやつ。

✤

MCはトイレ&お買い物タイムだと思ってるやつ。

✤

爆睡してたくせに、自担が出てくると目を見開くやつ。

♥終演あるある♥

✤

千秋楽の終演アナウンスとヲタの拍手合戦。

繰り返し流れる「本日の公演はすべて終了しました……」というアナウンスに対抗して起こる拍手の波！　アナウンスを制して担当が出てくると、「勝った！」という気分に！

✤

「さすがにもう終わりだな」と思って会場を出た直後、もう1回登場する自担。

✤

規制しないほうが、絶対スムーズに退場できると思っている。

コンサートの終演後に行なわれる〝規制退場〟。混乱なくスムーズに退場できるようにとの配慮ですが、たまに規制がない場合もあり、そのほうがスルスル客がハケているのも事実。

✤

〝お見送り〟で、ジャニから離れられないカラダにされる。

プレゾンの千秋楽では、出演者全員がアーチを作って、観客を見送ってくれることがあります。正装したタレによるイケメンアーチの破壊力ハンパねぇ。これがやみつきになり、ますますハマるのです……。

♥自担観察あるある♥

自担の一挙手一投足を見守るのは、コンサート中の大事な楽しみ。ささいなしぐさも見逃すまいと、今日もガン見しちゃいます！

✤

なかなかMCの輪に入れない自担にヤキモキする。

✤

自担をスルーしてトークを続ける他タレをこっそり呪《のろ》う。

✤

孤立する自担に話を振ってくれた他タレに「ＧＪ《グッジョブ》！」と思う。

✤

本番中、自担が失敗しないかハラハラする。

✤

案の定失敗すると、「あちゃー」と思う。

✤

でも次第に〝失敗をどう立て直すか〟楽しみになる。

♥衣装あるある♥

脱いだり脱がなかったりする自担に振りまわされる。

✤

乳首、腹筋、パンツのいずれかが見えると幸せ。

✤

暗転中、衣装替えする自担を双眼鏡で観察。

✤

自担の衣装がどこかおかしいと、得したような気になる。

✤

なんだか、違和感をおぼえる自担の衣装。よく見ると上着を後ろ前に着ているとか、袴《はかま》の片足に両足をつっこんでいるとか。「なにやってんだ」と思いつつ、そんな姿もまた一興。

✤

ジュニアが自担のお下がりを着ていると、ちょっと嬉しい。

ジャニーズの衣装は、楽曲とともに後輩に受け継がれてゆくもの。自担の衣装をジュニアが着て現れると、「あ、○○コンのときの彼の衣装、△△くんが着てる!」と懐かしい気分になり、ついつい目を細めてしまうのです。

✤

アンコールで、髪を結《ゆ》わえて出てくる自担にありがたみを感じる。

♥もやもやあるある♥

✤

コンレポをツイートすると、なぜか「グッズ代行してください(v_^)」みたいなリプが来る。

✤

なぜか「○○くんと△△くんは、仲よさそうでしたか?」みたいなリプも来る。

✤

なぜか「○○くんの髪は、どれくらい茶色かったですか?」みたいなリプも来る。

ツッコミを入れながらドラマを見る。

✤

自担の萌《も》えシーンをリピしすぎて、家族に気味悪がられる。

✤

キスシーンで、本当にヤッてるか食い入るように見つめる。

自担が初のラブシーンに挑戦するドラマ。かたずをのんで、問題の場面を見る。彼が相役の肩に手をかけ、唇を寄せたとたん画面がヒキに！　ヤ、ヤッたのか!?　ヤッてないのか!?　ヤッちゃったのか？　……今夜は眠れない。

日常編

♥テレビあるある♥

ドラマ経由で、愛が再熱。

すっかり卒業したはずだったジャニーズ。なのに、うっかりドラマを見たら、やけに好みの子が出てるじゃないですか。しかも、かなりイイ男に成長した元担も共演してる！　イイ。やっぱりイイ！　また会いたい！　……かくして、ヲタ復帰の道は開かれます。

✤

✤

観覧客が誰担か見破る。

バラエティーや音楽番組に差し込まれる、観覧席の映像。ふと映ったヲタの服装やアクセを見て、「あのコ、誰担だ」などと見破れるムダなスキルは何かに活かせないものか？

✤

「あの番組のカット割りはイイ」とか言い出す。

✤

バラエティーで、自担をフォローする芸人に好感を抱く。

せっかくのテレビ出演なのに、気のきいた返しができなかった自担。そんなとき、絶妙にすくい上げてくれた芸人さんは、ヲタから熱い感謝のまなざしをおくられます。

✤

自担の出番に限って〝ニュース速報〟が入る。

✤

自担をホメてくれた関係者のツイをフォローする。

✤

エンタメコーナーで、ジャニをたっぷり出すワイドショーを評価する。

✤

エンタメコーナーで、ジャニをあ

まり出さないワイドショーをこきおろす。

✤

Mステのゲストは、全員ジャニーズでいいとさえ思う。

✤

「UTAGE!」のゲストも、全員ジャニーズでいいとさえ思う。

✤

大河ドラマは、主演から端役まで全員ジャニーズでいいとさえ思う(女役は女装で)。

✤

妙にジャニーと共演が多い女優をマークする。

ジャニが出るドラマを見ていると、「え、またヒロイン役、あの女優なの?」みたいな人が何人かいます。それで、「〇〇くんに手ェ出したら狩るからね! ひと狩り行こうぜ、だからねっ」などと、物騒なことを思うのです。

✤

テレビに出ている自担を指して、「あれがパパよ」と言う。

数年前、シングルマザーでジャニヲタな友人宅にお邪魔したときのこと。DASH村で汗を流す〇〇くんをわが子に見せ、こう言い放ったのでした……。「パパがお家にいないのは、DASH村でお仕事してるからよ!」。

ひゃー!

♥ファッションあるある♥

担当の愛用アクセを買いに行く。

古くはタッキーのクロスリング、光ちゃんのクロスペンダントなど、担当が身につけているアクセを購入し、遠隔オソロに。

彼氏に、担当とおそろいの服を贈る。

$《ドル》誌のショップリストを見て、自担が着ていた服をチェック→彼にプレゼント。彼氏を〝疑似ジャニ〟にするという悪い遊び……。

自担が雑誌で語った〝好きなファッション〟を取り入れる。

コンTは、普段着→部屋着→寝間着にリサイクル。

ほどよい大きさの袋は、うちわ入れにとっておく。

舞い上がって露出度の高い服を買う。

「○○くんって、巨乳好きだよね。もうちょっと胸のあいた服がいいかな?」から始まって、「やっぱり肩も見せよう」、「脚も、もう少し」と、どんどん服装が色っぽいことに……。

♥人付き合いあるある♥

軽い気持ちでジャニについて聞いてきた人に、熱弁をふるってしまう。

✤

「ね、ニュースZEROに出てるのって、嵐の何くんだっけ?」みたいな非ヲタの軽い問いかけに反応し、頼まれてもいないのに〝嵐結成時のジュニア勢力図〟まで書いて、思いっきり語り倒してイヤがられるなど。

✤

彼氏よりジャニを優先した自分に恐怖を感じる。

✤

休みの予定を訊《き》かれても、即答できない。

だって、いつ何時コンサートやイベントが発表されるかわからないんですもの……!

✤

コンに付き合ってくれる男友達を確保する。

〝カップルシート〟があるコンや、〝カップル歓迎〟の番協《ばんきょう》に参加するため、付き合いのいい男友達をキープしておくことも重要です。

✤

子供がジャニーズに興味をもつよう仕向ける。

「ミナは、嵐の中では誰が好き？　大野くん？　そっかー、じゃあ大野くんに会いたいよね？」などと、たくみにわが子をジャニヲタルートに導くママヲタ、多数……。

✤

母親をジャニファンにしようとしたら、舞台班になってしまった。

「ママを味方にして、コンサートのチケットを取ってもらおう！」と思ったら、自担でなく先輩ジャニが出演する舞台のファンになってしまい、作戦失敗……！

✤

妹をジャニファンにしようとしたら、同担でライバルになってしまった。

♥ヲタ同士の付き合いあるある♥

✤

友達の担当別に、着メロを変えている。

嵐担のカナちゃんは『WISH』、JUMP担のリナちゃんは『OVER』、セクゾ担のマキちゃんは『Ladyダイヤモンド』……というように、わかりやすく登録しとく！

✤

「誰担ですか?」→「Gみんな好きなんですけど、こないだ辞めた○○担です」と言うと、聞いた人にすごくバツの悪い顔をされる。

✤

チケットの交換相手と、メル友になる。

チケット交換が縁で知り合ったヲタと妙にウマが合い、大事な親友になることも。

✤

番協《ばんきょう》に行く友のベビーシッターを引き受ける。

子育て中のジャニ活には、ヲタ友との相互協力体制が必須。自分がコンサートに行くときはヲタ友に子供を頼み、友が番協に行くときは、自分がベビーシッターを務めます!

✤

勉強や仕事に集中しようとした矢先、ヲタ友からコンの誘いが来る。

✤

母が自分より多ステしているのを知ってしまった。

✤

「誰担に見えますか?」と聞いてみて、当たってもハズれてもちょっとイヤ。

友達に引き合わされた同担とソリが合わず、激しいバトルが勃発。

公演後の居酒屋で多発する光景。「こちら、○○ちゃん。○○ちゃんも△△くん担なんだよ」から始まり、おたがいの参戦回数や応援スタイルの違いが明らかになるにつれ、どうにもギスギスした雰囲気に。間が悪く運ばれてくる〝まぜまぜシーザーサラダ温玉のせ〟を、全員でうらみがましく見つめたりするのです。

♥恋愛事情あるある♥

担当のいない合コンには行けない。

✤

「えっ、どろぬま商事の人たちと合コン?会費7000円かぁ……。んー、ごめん、その日は先約があるわ」↓訳：せっかくお誘いいただいたけど、7000円もあったらチケット買えるし、自担に会ったほうがいいわ。

✤

リアルな恋愛話をされると、とたんに無口になる。

✤

彼氏できたらヲタ卒できると思ったが、そうはいかなかった。

彼氏がパンなら、自担は甘いチョコレート！やっぱりどっちも必要なんです！

✤

ジャニのピュアな恋愛ドラマにハマり、等身大の恋愛ができなくなる。

✤

ジャニにリア恋した者どうしで、絡みはじめる。

ジャニヲタの悩みを理解できるのは、ジャニヲタだけ。「自分、18歳なんだけど、関西無所にリア恋してるんだ。毎日ツライ」、「自分は20歳でデビュー組にリア恋だよ。友達には絶対言えないけど、本気なんだ」、「すごいわかる！　よかったら絡まない？」……というような流れで、交流が生まれます。

♥街角あるある♥

駅に担当の看板が出ると、わざわざ写メりに行く。

「渋谷駅に、○○くんのでっかい看板が出たー！」と聞けば、そのためだけに電車を乗り継いで写メりに行ったりするのです。

✤

バイト先に自担がやってきて、思わず買ったものをチェックする。

会場近くのコンビニにフラリとやってきた自担が、シャンプー&リンスをお買い上げ。「明日からの公演で使うのかなー」なんて、ニンマリ。

自担のパンフ目当てに家電店をうろつく。

✤

「〇〇くん、渋谷にいたよ！」みたいな話を聞くと、大急ぎで渋谷に行ってみる。そしてもちろん彼はいない。

✤

街で偶然、自担に遭遇！　目が合うも、あからさまにサングラスをかけられる。

✤

テーマパークでは、ジャニが来てないかと目をこらす。

彼氏とひさびさのデートで、テーマパークへ。嬉しそうな彼を尻目に、ついついまわりをチラチラ……。だって、テーマパークに出没するジャニって、けっこう多いんだもん！

✤

担当と同じ名前の駅名を見ると、テカる。

「え〜、次に参ります電車は〜〝快速　橋本行き〜橋本行き〞です〜！」みたいなアナウンスにときめく自分のバカさかげん……。

✤

ジャニショに並んでいるところを、ナイショにしていた知人に目撃される。

♥雑誌あるある♥

$《ドル》誌の構成に、文句をつけるようになる。

✤

店頭で買いづらい$誌は、Amazonでまとめ買い。

何冊もの$誌をレジに出すのはテレますが、Amazonなら安心。自担が表紙になるテレビ誌も、〝関東版・関西版・中部版〟をセット買いできたりするのでホント助かります!

♥職場あるある♥

ジャニ活のしやすさで仕事を決める。

✤

仕事やバイトのシフトを慎重に調整する。

発表されているコンの前後に追加公演が入ることも見越して、注意深く仕事を調整。休みはぬかりなくとらなきゃね!

✤

職場に行動的なヲタがいて、やりづらい。

職場ではヲタを隠していたのに、あけすけな同担が入社してきて、「その日は嵐のコンサートなので、お休みさせてください！」とか言いやがる。今さら「私も……」とは言い出せず、休みを替わるハメになったり……。

✤

たまに〝取引先の担当の息子がジュニア〟みたいなことがあり、テンションが上がる。

つい最近わかったんですけどね、上司のご子息が、某ジャニのクラスメートだったんですよ！　つながる可能性が完全なゼロではない、みたいな夢が見られて幸せです。

✤

出張の予定を遠征と合わせる。

「すみません、来月の大阪出張ですが、木曜は別件が入っておりまして……金曜でもよろしいですか？（土日、城ホールでコンがあるから、前ノリできると一石二鳥！）」みたいな。

✤

家族が病弱になり、親戚がどんどん増える。

母が急病→握手会参加、叔母が危篤《きとく》→コンサート参加、いとこの海外挙式→海外遠征。言い訳のバリエーションがどんどん増えます。

✤

一身上の都合＝ジャニ活のため。

♥自担が心配ですあるある♥

身長の伸びすぎた自担が心配になる。

✤

あまりに身長が伸びない自担が心配になる。

✤

まだチビなのに、早くも女ネタの出た自担が心配になる。

✤

マメに返信をくれすぎる自担が心配になる。

♥スキすぎて……あるある♥

担当のキリヌキセットを買ってしまう。

✤

最近好きになった○○くん。できることなら、昔の彼も見てみたい……ってことで、〝○○くんキリヌキセット　2009年〜2011年分、100枚〟みたいなのを、ヤフオクで落札しちゃったりするんです。

✤

自分と自担の合成画像を作りだす。

調子にのって自分と自担のツーショット画像をねつ造し、ブログのトップ画像に。最初は「ウフ♡」と思いますが、正気に返るとパソコンをたたき割りたくなります！

✤

アドレスで担当がバレる。

mami-ryosuke-loveなど、自担の名前や誕生日を入れ込み、誰担かモロバレ！

✤

エンタメ慣れして、少々のショーでは驚かない。

ジャニーズの舞台では、大仕掛けなイリュージョンや、豪勢に水や火を使った演出がごく当たり前のように見られます。これに慣れると、ちょっとやそっとのことでは驚かない体になり、某テーマパークのショーを見ても、「ふっ、これくらいの水、自担はもっと華麗にさばいている」などと思ってしまうのです。

✤

CDは握手券と割り切れるようになる。

✤

複数買いしたCDやDVDは、知人に配って布教活動。

✤

なるべく、自担がCMしている商品を買う。

✤

自担がCMしているお菓子を食べ過ぎて太る。

✤

担当がCMに出た商品のバーコードなどは、とっておく。

後日、自担が出るイベントキャンペーンなどが発表される場合もあります。応募に使えそうなものは、捨てずにとっておかないと！

✤

ゲスト目当てで、コンに入る。

担当以外のコンでも、まもなく自担Gのコンが控えているといった場合、自担が見学に来る可能性は多いにありえます。ってことは、自担の私服を拝むチャ〜ンス！　自担の来場を信じ、他Gのコンに入ったりもするのです。

✤

バイト代はチケ代にまんまスルー。

✤

バイト代を、〝円〟ではなく〝公演〟でカウントする。

「今月のバイト代、7万か……。けっこうがんばったわ。10公演だな」というように。

✤

自担のコスプレをさせた人形やぬいぐるみを作りはじめる。

✤

左利きの男性が、気になるようになる。

二宮くん、山P、手越くん、田口くん、知念くん、八乙女くん、薮くん、橋本くん……。ジャニーズって左利きが本当に多い。自然、

「左利きの人っていいなー」と思うように！

✤

自担の履歴書を事務所に送ってくれたお母様やお姉様は、女神認定。

✤

変わった名字を、スラスラ読めるようになる。

「七五三掛？　羽生田？　……しちごさんかけ？　はぶた？」と、とまどう友を前に、「〝しめかけ〟と〝はにうだ〟だよ！」と、即答。

✤

「実写化するなら、この役は自担で！」と思っていた役が他者に決まり、不服に思う。

「『デスノート』の月《ライト》役は、絶対に○○ちゃん！」、「『るろうに剣心』の剣心役も、絶対に○○ちゃん！」と思っていたのに……認められない！

♥担降りあるある♥

キライだったはずのタレに、ホレてしまう不思議。

✤

元担のシンメに担降りする罪悪感。

✤

担降りを決意したとたん、サービ

スのよくなる自担。

♥ジュニア担あるある♥

✤

できあがってるジャニより、ジュニアを味わう楽しさに目ざめる。

✤

ディアゴスティーニは、そろそろ『週刊ジャニーズジュニア』を出すべきだと思っている。

きらめく日々を駆《か》け抜けるジャニーズジュニア。りりしく成長する彼らの姿を、毎週コレクション。創刊号は、オールジュニアの自己紹介DVD付きで特別価格480円。ディアゴスティーニ♪　みたいなのを早く……！

✤

友達の担当がユニ入りして、自担が無所残留だとアセる。

✤

自担の立ち位置が前に出ると、天にも昇る気持ち。

✤

自担が立ち位置を下げられると、地獄に落ちた気分。

✤

不本意な扱いを受ける自担を見て、悔し泣きしてしまう。

一生懸命がんばってる彼なのに、ユニから外されて、衣装の格も下がって……みたいなことになると、マジ泣きしちゃう。

✤

「結局、現ジュニアのトップは誰か?」という話になると、ヲタどうしでモメる。

♥ファンレターあるある♥

✤

手書きなんてかったるいけど、ファンレターは別。

文字なんて基本ケータイでしか打たないのに、ファンレに限っては何色ものペンを使い分けて、可愛く書いちゃいます。

✤

レターセットとシールのストックがどんどん増える。

彼に覚えてもらえるよう、同じレターセットでファンレターを書いたり、同じシールを貼ってみたり……努力を惜しみません!

✤

やけに可愛い文字を書けるようになる。

もう、かなりいい大人なのに、「m・i・y・uのみっくん通信」みたいなタイトルをつけたファンレを、すごーく可愛らしいギャル文字で書けるようになりますね。うふふ……。

✤

ファンレターの返信がサインだけだと、ひどくさみしい。

✤

ファンレターの返信に、シールがいっぱい貼ってあると勝った気分。

ジュニアから直筆の返信が来るとそれだけで嬉しいですが、かわいいシールをいっぱい貼ってくれると、なんだかものす～ごく優遇された気持ちになりますね。

♥男子生徒ジャニ化計画あるある♥

男子の体育では、『アンダルシアに憧れて』を必修にすべきだと思う。

✤

アクロバットと殺陣《たて》もやらせるべきだと思う。

✤

ケンカ風のアクションもやらせるしかないと思う。

✤

フライングもやらせとくといいと思う。

✤

そしたらハーフタイムショーもいれとかなきゃ！

トホホ編

♥コン当日の悲劇あるある♥

✤ 開演5分前にドタキャンされる。

✤ 台風でコンサートが中止になる。

✤ 突然の装置トラブルで公演が中止になる。

✤ 自担が修学旅行で公演を欠席する。

✤ 友達がまとめて持っていたチケットを忘れてくる。

これは、とっても困る～！　予防策として、家を出る前に友達に電話して、チケットを持ったか確認しておくといいかもね。

✤ チケ交換を約束した相手に、あからさまなウソをつかれる。

「すみません～(>_<)　電車の中で倒れてしまい、今病院にいます！　これから検査して手術かもしれないので、会場に着くのがぎりぎりになるか、行けないかもです（涙）」みたいなメールを、本気で送ってくるやつ。せ

めてもう少しまともなウソをついてはどうか。

❖

公演中にうちわの文字がはがれ、違う名前になってしまう。

勢いよくうちわを振っているうちに「マリウス」の「マ」の下棒がはがれちゃって、「フリウス」になったりとか。誰それ？

❖

たまたま話した同担に参戦数を競われ、めんどくさいことになる。

「何公演入るんですか？」と聞かれたので、素直に答えたら……。そいつより多く入ると、「いいですね、ヒマで」とか言われて不本意。たいして参戦数変わらないのに！

❖

構われ席に入ったのに、観覧にきたゲストにすべて持っていかれる。

❖

フライング中の自担の汗が降ってきて、「うふ♡」とか思ったら、ただの水だった。

水を使った演出がある舞台では、自担の靴も水まみれになるようです。汗かと思ったしずくの正体を知ったときのむなしさ……。

❖

サインボールをめぐってガチバトルになり、身体がアザだらけに。

戦いのすえ、手元にはうちわの一部分だけ残ってた、みたいなこともあります……。

✤ **前の人が盛《も》り髪で、まったく自担を見れずに終わる。**

なんでそこまで髪を盛らねばならんのかと口惜しい気持ちに……。いきすぎた盛り髪やアップスタイルは、ときにマナー違反です。

✤ **会社にナイショにしてたのに、ワイドショーのカメラに映りこんでバレる。**

✤ **自分がキャッチした色紙を奪われる。**

ニュッと手が伸びてきて色紙を強奪!? 確実に自分が取ったなら、しっかり抱えてしばらくじっとしていること。気を抜いて力をゆるめたり、キャーキャーはしゃぐと、まわりの興奮もあおってしまいます。

✤ **買ったばかりのペンライトが点《つ》かない。**

スタッフのお姉さんに言われたように、事前にかならず点灯確認をしておきましょうね。

✤ **酷暑のイベントに並んでいて力尽き、開始直前に脱落する。**

自担が公演中に負傷し、以後出演せず。

✤

自担の公演チケットだけ、売れ残っている。

✤

自担のうちわだけ、売れ残っている。

売れ残りとおぼしき自担のうちわを、観覧に来た他タレが振っていたことも……。

♥チケットの悲劇あるある♥

毎回かならず、同じ番号のクソ席が来る。

✤

しかも友達には、毎回同じ番号の神席が来る。

✤

出る出る詐欺に遭《あ》い、怒りに震える。

出っるの〜かな!?　出っるの〜かな!?　はてさてフッフゥ〜♪　なんてノンキに歌ってる場合じゃなーいっ！　自担が出るというからあわてて申し込んだ舞台。なのに、いつの間にやらキャストから彼の名前が消えてるよ!?　イリュージョン？　現代の神隠し？　とりあえずお金返して（泣）。

✤

自担が外部公演に出たばかりに、余計な争いに巻き込まれる。

外部公演への出演は、自担が大きく成長するチャンス。が、同時に無益な争いを呼ぶ火種にもなりえます。熱狂的ファンをもつ舞台の主役になど抜擢された日にゃ、イメージをくずされたくない原作ファンVS.自担なめんなよなジャニヲタの「なぜオレたちが戦わねばならない!?」的な乱闘が起きるのです。

✤

自担が外部公演に出たばかりに、チケの倍率を上げてしまう。

自担の出演が決まったばかりに、いつもはそここその競争率で取れた公演のチケットが、思いがけないプラチナになってしまう場合も、ままあります。そしてまた、外部ファンの方々から、「ったく、ジャニヲタうぜ〜!」とか嫌われてしまうのです。

✤

激戦の公演に自分だけ当たってしまい、気まずくなる。

友達みんな、全滅しちゃった大人気のコンサート。自分だけ当たったけど、手放しに喜べない……。報告する場合は淡々と。思わせぶりな発言は避け、「前から約束していたから、○○ちゃんと一緒に行く」というように、はっきり言っておいたほうがベターです。

「席にこだわらないのでチケ譲ってください！」という人に、「その席じゃ、ちょっと」とか言われる。

✤

〝同等席〟で交換を探しているのに、10列以上後ろの席ばかり提示される。

✤

♥見たくなかったあるある♥

もっと応援しようと思った矢先に、自担が撮られる。

なんとか彼をデビューさせてあげたい！　ヲタの心がひとつになり、大盛り上がりだったコンの翌日。こともあろうか、自担がデート中の写真を撮られました。お前、昨日のアレはなんだったのかと小一時間……。

✤

夏祭りで、女のコといる自担を目撃。

靖国神社の夏祭り〝みたままつり〟には、多くの有名人もくり出します。女のコと遊びにきているジャニの目情《もくじょう》も多いので、心配な人は近寄らない＆何を聞いても信じない方向で。

✤

自担がヒゲを生やした上、堂々と

太りはじめる。

そういうのも、自然でカッコいいかもしれない。でも、私が好きなのは、スリムでしなやかな身体の、少年のようなあなたなのに！

✤

自担が、納得のいかない相手と交際する。

女性にも好感度の高い美人女優とかならまだしも、グラドルやＡＶ女優あたりだと、なんと言いますか……。

✤

自担が急に日焼けすると、不安になってしまう。

ひさびさに見た自担がえらく日焼けしてると、大変心配になります。海に行ったの？　ってことはｗｉｔｈ彼女？　そんなんで雑誌のグラビア大丈夫？　一般にチャラい印象ついちゃわない？　ってか余計な心配させないで！

✤

ある日突然、ジャニショから自担の写真が撤去される。

♥デビュー＆ユニ解体あるある♥

✤

大好きなユニが予告なく解体される。

✤

そして、しっくりこない新ユニが

発表される。
✤
そればかりか、新ユニがデビューまでしてしまう。
✤
辞めるジュニアまで現れる。
✤
「新ユニなど認めない」と思ってたのに、認める人がけっこういてサガる。
✤
っていうか、「悪くないかも」と思っている自分に気づいてサガる。

♥隣席のヲタあるある♥

たまたま隣になった同担に、「いつも応援ありがとうございます」とか、彼女気取りの発言をされてサガる。
✤
隣に入った集団が、ノンストップでしゃべっていてサガる。
✤
それとなく注意したら、悪口を言われてサガる。
✤
それなのに自担がそいつらにファ

ンサしてサガる。

✤

もちろん自分のうちわはスルーされてサガる。

♥人間関係あるある♥

楽しみにしていた録画を、家族に消される。

✤

番協《ばんきょう》にはずれた友に、逆うらみされる。

✤

自分だけ都合がつくと、「抜けがけ」と言われる。

✤

少クラで客席が抜かれた際、大写しになってしまい、ヘンなあだ名をつけられる。

✤

知人から、〃背の高い人〃、〃メガネの人〃とかじゃなくて、〃あのジャニーズ好きな人〃で認識されてしまう。

✤

友達が、自分を悪者にした夢小説を書いていた。

✤

しかも、続編まであった。

✤

ひとりが好きなわけじゃないのに、同担がいなくていつもひとり。

♥遠征の悲劇あるある♥

✤

初めて行く地方で、タクシーに違う会場に連れていかれる。

「はあ？　○○？　いや、いつもこの辺でコンサートやるのは県民会館だから、てっきり……」みたいな思い込みで、どこなんだよここは的な場所に連れてこられたり、似たような名前の会場に連れてこられたり……。

✤

会場の近くに飲食店がまったくなく、難民になる。

✤

トリプルアンコールまで見ていたら、最終の新幹線が行ってしまった。

✤

飛行機が着陸できず、開演に間に合わない。

✤

遅れて客席につき、ヘンな注目を浴びてしまう。

しかも、自担の見せ場は終わっていた。

✤

前の人を見つめたままの自担と握手。

✤

感激しすぎて涙と鼻水まみれの姿を見られる。

✤

ネイルがはげているのに気づく。

✤

最初のほうはまったりだったのに、終盤は高速握手。

✤

何もしてないのに係にどなられる。

✤

5時間並んだのに自担がいない。

♥握手会の悲劇あるある♥

握手会のとき、〝はがし〟につきとばされて握手できずに終わる。

✤

前の人がねばって自分の番は巻きになる。

✤

前の人は名前を呼んでもらったのに、自分のときはNG。

✤

✤

「握手券は手に持ったまま握手してください〜」と叫ぶスタッフ。

こんな理不尽なアナウンスがあって、ビックリすることがあります。「は？　握手券持ったままじゃ両手握手できないだろうが!?」。

♥とはいえ握手会ではこんな棚ぼたもあるある♥

✤

握手会で、〝はがし〟につきとばされてよろけたら、自担が助け起こしてくれた！

「進んでェ〜！」と叫びながら、まるで親の敵《かたき》のようにヲタをつきとばす〝はがし〟が、よくいます。私も何もしていないのにいきなりつきとばされてよろけたら、自担が「大丈夫!?」と助け起こしてくれてフニャ〜ン♪　そんなことも、たまにあります。

✤

握手会で、止まってないのに「止まらないで！」とどなられたら、自担がかばってくれた！

「止まらないでェ〜！」と叫びながら、止まってない人までつきとばす〝はがし〟が、よくいます。私も何もしていないのにいきなりどなられてあせっていたら、自担が「止まってないじゃんね!?」と言ってくれてホワ〜ン♪　そんなことも、ままあります。

ジャニヲタ用語集③　その他のトピック編

【(タレントによる)応援】他タレントの公演やイベントにゲスト参加すること。おもに集客のきびしい公演で、それぞれのファンの財布目当てに呼びつけられることが多い。また、〝応援〟と見せかけて映画宣伝など、自分のPRをしにくる場合もある。用例「Sexy ZoneのCD販売握手会に、Kis-My-Ft2とA.B.C-Zが応援に駆《か》けつけます!」

【ジャニショ】ジャニーズショップの略。ジャニーズの公式グッズショップ。

【$誌《ドルし》】アイドル雑誌のこと。『Wink Up』『Duet』『POTATO』『ポポロ』『Myojo』など。

【番協《ばんきょう》】番組協力の略。公開収録に参加したり、エキストラを務めるなど、番組づくりのサポートを兼ねた応援活動。

【ファミクラ】ジャニーズの公式ファンクラブ「ジャニーズファミリークラブ」の略。また、東京・渋谷にあるファンクラブの窓口を指す場合もある。用例「昨日ファミクラ行ってFCの更新してきた!」

【目情《もくじょう》】ジャニーズタレントの目撃情報のこと。街で、駅で、テーマパークで、ジャニーズを目撃したヲタはツイッターなどで情報を拡散、共有する。時に〝目情〟はジュニアの出演予定をつかむのにも役立つため、おろそかにできないトピックである。用例「れあたん、新大阪で目情出たよ!　城ホール来るんじゃないかな!?」

Part 5

自担からファンサをもらおう！ ジャニヲタのための〝モテしぐさ〟

コンサートで、街中で、大好きな自担に会えたなら、可愛さ特上の私でいたい！ 好感度アップの〝ジャニヲタモテしぐさ〟で彼の笑顔とファンサをゲット♪

《特別寄稿　印象評論家・重太みゆき》

最高の笑顔で彼に会いましょう！

大好きな彼には、最高の笑顔で会いましょう！

本当の笑顔は、頬がキュッと持ち上がって若々しく見えるんです。コンサートの開演前には、顔を両手で思いっきりバシバシ叩《たた》いてください。「○○くんが見てくれますように！」って気合いを入れながら叩くと、顔の筋肉が動きやすくなります。すると、口角が持ち上がって、上の歯だけが見えるほがらかな笑顔ができるんです。

さらに、上の歯だけ見えるような状態になると、高い声が出せるようになります。高い声だと、「○○くーん！」って叫んだとき、聞き取りやすいんですよ。コンサート会場では高い声のほうが断然目立つので、笑顔で口角を上げ、しっかり声を出す練習をしておきましょう。

感じのいい声援をおくるために、いつも笑っていないと！　公演前にカラオケボックスで〝声出し〟をしておくのもいいですね。

重太みゆき
日本初・唯一のインプレッショントレーナー®。2012年8月放送のフジテレビ系「ホンマでっか!?TV　関ジャニ∞完全ノックアウトSP」では、印象評論家として「モテしぐさ」を披露し、ジャニヲタ界でも大きな話題となる。著書に『一瞬の出会いでチャンスをつかんでいる人の顔グセの法則』（ダイヤモンド社）など。

OK ← NG
小顔に見せるヘアスタイル
かわいいハニカミ笑顔
こっち見て♡
実はこれ
遠くから見ると自信無さげで
目立たない
目立つポイントは輪郭や
目元をなるべく隠さないこと
パア〜
さらにホホの
肉がグッと
上がった
思いきりの
よい笑顔
こっちのほうが顔が目立つし
自信があるように見えます
自担に届け!!
最高の笑顔の
作り方
その① ホホを叩きまくる
ホホホホナ
バババ
ヒーッ
どんだけ〜!?
というくらい
ホホを平手で叩きまくる
こうすると顔の筋肉が
ほぐれて動きやすくなる
※コンサート前の気合い
入れにもなります
その② リフトアップで口角を上げる
ホホの肉を上に
持ち上げる
上の歯が
出るくらい
口角が
上がると
高い声が
出るように
なるので
その③ リフトアップしたまま
発声練習
高くて目立つ声が出る
キャー
プルルルル
クチビルを
ふるわせて
高い声を
出すのも
よい練習
方法だ

コンサートでファンサをもらうには!!
会場でのマナーを考えると
うちわやペンラの持ち方は
こんな感じになりがち
こっち見て〜
キャー
うちわは胸の前
フリフリ
ハートつくって
マナー違反をすると
後ろから怒りの
うちわ
攻撃が!!
コラ
ガッ
ギャ
この動きをより可愛らしく
見せるポイントはペンラの
位置を顔のヨコに持って
くること
キャー♥
うちわは胸の前でOK
ポイント
ハートつくって
手の位置は高いほうが若々しく
低いと老けて見えるもの!
女の子の場合は上げすぎず
耳のヨコに物があると可愛く
見える
ヤング
オールド
ファンサを要求する時にも
このテクニックを応用して
手の位置を顔のヨコに
もってくる!
○
見て〜
×
ハートつくって
男性ファンへのアドバイス
男性ファンは逆に
男らしい応援と
メッセージのほうが
格好良く見えて
目立てる!!
ドン
大野が目標!!
ハートつくって♥
心の声は隠せ!!

相手の気を引くためにどうするか?
女の子の2大カワイイ動きで相手の気を引こう!!
その① ウエスト回し
上半身を左右に振る動き
ブン ブン
その② ヒザちょんちょん
ヒザを使っての軽いジャンプ運動
ピョン
周囲の動きの逆を行け
周囲が盛り上がって動いている場合は、ピタッと動きを止める
動けないくらい真剣に見てる風
キャー
逆に周囲が静かなムードの時は上記の動きで可愛らしくアピールするチャンス♡
イヤーン♡
楽しすぎて動いちゃってる風
ファッションについて
黒や茶色よりは遠くからでも目立つ色が良い! 中には露出で勝負してくるファンもいるが、女の子としては本命の恋人に、自分をどう見てもらいたいかを考え、どういう気持ちで見ているかを伝えるような服装を選ぼう♡
※雨の日に目立つ傘の色がコンサートでも目立つ色
目立つといってもこういうことではナイ

応援のキメ手は〝乙女ポーズ〟！

拍手の仕方ひとつで、本当に魂を捧げてくれているファンかどうかわかります。拍手は目の高さで、大きく両手を開いて叩《たた》きましょう。手を打つたびに顔が隠れて、また開くと笑顔が見える――〝笑顔の扉〟が開閉するイメージで。

うなずきながら拍手して、タレントさんと目が合ったら、さらに手を強く叩いて嬉しさを表現すると、めいっぱい気持ちが伝わります。

ＭＣ中は気持ち前かがみで、みぞおちからおへそまでのラインをクッと伸ばし、指先を上に向けて胸元に当てる〝乙女ポーズ〟でうなずき続けること！　手はヒザにおくと一番ふけて見えるので、１秒たりともヒザに置いてはいけません。

また、客席の様子は舞台袖や関係者席から見られている場合もあります。アンコール前も気を抜かないようにしましょう。「○○担は、拍手もせず帰り仕度をしていたくせに、幕が開いたらキャーッて立ち上がった」とかいう情報はあとから本人の耳に入ることもあるし、かなりプライドを傷つけられると思います。やっぱり最後まで全力で応援して、彼が出てきたら「すごく嬉しい！」って、全身で喜びを表現したほうがステキですよね。

アンコール待ちの時
疲れてしまって
ついダラけてしまう
ファンもチラホラ…
座り～!!
ダラ～
帰る準備～!!
ゴソゴソ
見なきゃ良かった…
でも気をつけて!! 会場には関係者も来てるハズ… その姿を誰かが見ているかもしれませんよ!!!
華麗なるアンコール待ちのスタイルはこれだ!!
その① 拍手の仕方
パチ
パチ
指の第一関節分手をずらして手を叩くと高くていい音が出ます
その② 手は顔の高さでゆっくり叩く
すると笑顔が
消える!、出る!
消える!出る!、
このいないいないバア拍手で
見た人に強い印象を
与えることが出来ます
名付けて『笑顔のトビラ』
パチ
パ～
その③ MC中も気持ちよくさせてあげる
どうせ俺の話なんて聞いてねえんだ…
シーン
静かな中でも盛り上げてあげるためには、両手を組んで胸元に当てる
『乙女ポーズ』で
ウンウン
少し前かがみになって
うなずき続けるのが
楽しんでいる気持ちが
伝わってグッドです♡

勝負は2秒！　握手会

握手するときは、しっかり相手の手を包んで、適度な力で握りましょう。遠慮がちな握手は、彼を悲しい気持ちにさせることもあります。彼の目を見たまま、ヒザを使って腰を落とし、左に8度首を傾けて、「すごく好きです！」とか、「今日会えて、本当に幸せです！」とか、一番伝えたいことをハッキリ言いましょうね。

握手会で勝つ！
握手会の基本スタンスはわきをしめて気持ち肩を上げ、腰を落とし、首を傾けてやや上目遣い
小さくなって可愛い印象を与えよう！
※首は左へ8度傾ける
8度
※目線をタレントより下に
ギュッ
気持ちいい握手の仕方
緊張しすぎて逃げ腰になり相手を指先でちょっとだけつまむような握手は相手に「俺、嫌われてるのかな？」と思わせてしまうことも…
NG
チョイ
OK
ギュッ
※両手をそえてギュッとにぎる
※軽くヒザをまげ腰を落とす

一瞬で接近！　記念撮影

あからさまに近づくといやがられる場合もあるので、「ハイ、撮りますよ！」と言われた瞬間、彼の側に重心を移動してヒザを内側に向け、手は乙女ポーズに！　顔は正面を向いていてもヒザが相手に向いているだけで、あとから見たときに「私はすごくあなたが好きです！」っていう気持ちが伝わる写真になるんですよ。

記念撮影で勝つ!!
記念撮影の時は撮る瞬間に
重心を彼の側の足へ移動させ
ヒザを彼のほうへ向ける
さらに可愛く乙女ポーズ♡
彼もつられてあなたのほうへ
近寄ってしまうかも!?
ハイポーズ♡
おっ
緊張してモジモジしていると
彼のほうも近寄ったらマズイのかと思って2人の間に
距離感が生まれてしまいます
困ったな～
もじ
もじ

街で自担に遭遇！

とにかく、まっ先に〝本当に好きなんだ〟という気持ちをすばやく伝えるのがポイントです。〝乙女ポーズ〟でサッと近づき、首を傾けて「〇〇くん、応援してます！」と伝えましょう。そのとき、彼が笑ってくれたら、間髪入れずにスッと手を差しだして、「握手していただけますか？」とお願いしてみるといいですよ。

去るときも美しく！

彼と話せたら、お礼を言って何歩か歩き、肩越しに振り返って笑顔で会釈すること。相手が見ていようが見ていまいが構いません。緊張してそのまま去ると、彼はその場に取り残されたような感じになってしまうので、離れてからもワンクッション入れるのが重要。そうすれば、「可愛い子だったな♡」と思われます。

感じのいい立ち去り方
街や電車で声をかけられたらアイドルだってテレてしまうもの、その上、相手が立ち去ってしまうと置き去り感があるし、それを周囲に気づかれて気恥ずかしい…
振り返らず行ってしまった…
NG
ギクシャク立ち去るのはダメ
カチコチ
お話ししてしまった…
アフターフォローもキチンと
そんな状態にならないように「○○君に会えて幸せ!! まわりのあなたたちも幸運なのよ！彼と同じ空気が吸えて！」くらいPRしよう
① いったん離れて
ササッ
② ウエストを回して振り向き
ぐりん
③ 最高の笑顔でお見送り
大好きだよー♡という心を込めて
パア
パア

ジャニヲタ用語集④　ジュニア編

【関西無所《むしょ》】関西ジャニーズJr.で、特定のユニットに所属していないメンバー。おもに大阪公演で先輩のバックダンサーを務めたりする。関東ジャニーズJr.の無所属メンバーは〝無所〟という。

【高校生無所】特定のユニットに所属していない、高校生のジュニア。自由度も高いが、高学年ともなると今後の行く末が気になってくる。デビュー候補にすべり込むのか、舞台班、楽器班、はたまた役者コースにいくのか、考えたくはないけど高卒と同時に退所するのか……。もっとも目が離せないスタンスの少年たち。

【コネジュ】親もタレントや業界人であるなど、コネで入所したジュニア。しかし、親の七光りでよい立ち位置を与えられても、よい結果を出せずに事務所を去る者も多い。反面、コネにおぼれず地道に努力するジュニアには、相応の未来が拓《ひら》ける模様。

【チビジュ】小学生から中学校低学年までのチビッコジュニア。花道をわらわら駆《か》け抜けたり、子供らしいダンスで場をなごませる。

【付《つ》く】メイングループの公演やイベントに、ジャニーズJr.が参加すること。ジュニアがバックダンサーとして踊ったり、メイングループの握手会に登場したときは、「ジュニアが付いた」という。用例「今日の山Pのコンサート、ジュニアは付かなかったよ。プロのダンサーが付いてた」

Part 6

悩ましきもの、それはジャニ詠《よ》む！ ジャニヲタ事件簿

時の流れに沿うように、ヲタを泣かせ、たぎらせ、おちょくり続けるジャニーズ。これを詠まずにいられれましょうか？ 歌で、川柳で、まろび出たヲタの感嘆《かんたん》を召し上がれ。さぁ、召し上がれ！

ジャニヲタ事件簿

♥2013♥

『ジャニヲタあるある』が出て3年。ジャニのムチャぶりにはだいぶ慣れたと思いましたが、そこは3年ひと昔。やっぱりというか、なめらかな気持ちのまま過ごせるわけもなく、次々とビックリなことがありました……。

✤

それやっちゃう？ ドーム2階に　スカイステージ

ジャニーズの公演にはあっと驚く舞台装置や演出がいろいろありますが、まさか「座席」でビックリさせられるとは思いませなんだ。2013年春に東京ドームで行われたJUMPコンでは、センターステージをぐるりと囲む〝スーパージャンピングシート〟が登場。さらに2階席の一部をつぶして帯状の〝スカイステージ〟も建立。地上23メートルの高さに夢の舞台を作ることで「遠すぎて置いてけぼり」になっていたヲタを救ってみせました。まさにクソ席→神席の一発変換！「いくらなんでも……」ということをやってのけた、歴史に残るステージングだったと思います。

✤

「音楽の日」と「音楽のちから」

長すぎて

夏の音楽特番は、年々〝長さ自慢〟の様相を呈《てい》しています。2013年6月に放送された中居くん司会の「音楽の日」は13時間超、7月放送の「音楽のちから」は櫻井くんが司会を務め、約12時間と、ともに半日超えの長丁場となりました。「少しでも長くやったもん勝ち!」そんな空気は、ハードディスクの残量に気をもむヲタをビビらせました。この分だと、数年後には数日間歌い続ける特番が組まれているかもしれません……。まぁ、自担の出番が増えるならいいですが。

✤

フィルフェスで　まさかの

ガラケー大勝利

2013年8月、TOKIO城島リーダーの案内でJUMPが〝ジャニーズのライセンス〟を更新に行く……という物語が披露されたフィルムフェスタ。チケットは一般発売のみでしたが、今や大勢を占めるスマホ軍は「つながらない!」、「先に進めない!」と、まさかの事態に大苦戦。一方、ガラケー使いのヲタは「すぐつながる!」、「取れすぎ!」などイージーモードで戦《いくさ》を終えたのでした。新しければいいってもんじゃなかった……。

✤

バーターを　くれる先輩

よい先輩

「後輩もがんばってるんで、応援よろしく！」とか言って弟分を引き上げてやるのが先輩ジャニーズ。2013年12月、SMAP中居さんが〝舞祭組《ブサイク》〟に『棚からぼたもち』を提供するなど、昨今はとくに〝先輩のやさしさ枠〟が目立つようになりました。ドラマなら弟役など、出番をくれる先輩はいい人……！

✤

もじパラで　頼んだうちわ責められて

〝もじパラ〟。それはうちわ作りに便利な名前シールを扱うお店。2013年に大阪店、原宿店がオープンし、忙しいヲタにもてはやされています。が、断然手作り派の友からは、「自分で作らないの？」とキビしいコメントが……。このションボリ感は、コンビニで買った惣菜を並べて叩かれる主婦のよう。じ、時間のあるときはがんばるからっ！

✤

担当の　家族のインスタガン見する

近年、誰もが気軽にSNSを利用するようになり、ふとしたことから芸能人や関係者のアカバレもしやすくなりました。自担の妹が無邪気にやってるインスタなんて見つけちゃったら一大事！　ペットのネコから晩ご飯のメニューまでつぶさにチェックして、「こ、このニャンコが彼に可愛がられてるのか！」とか、「夕飯、シチューだったのねぇ～」なんて思わずニンマリしちゃうのです。

♥2014♥

✤

ヲタ動揺！ ジャニから突然 年賀状

2014年新春のできごとです。そんなに年賀状が来ないタイプの私は、ポストを覗《のぞ》いてアゴが外れるほど驚きました。な、なんか知らんがジャニーズのみなさんからワンサと年賀状が来てる！ ど、どうした、ジャニーズ……!? いつもつれなくされているので、急な親切はカラダにきます。過呼吸になりながら思いめぐらせると、ひらめきましたぞ！「もしや消費税増税の関係じゃないか??」ジャニーズは、増税前に余ったハガキを使いきりたかったのだろうと思われます。ならば納得。で、今年も待っていましたが、来ず。一度きりの気まぐれ……だったようです。

✤

増税で グッズも値上げ でも買っちゃう！

コンサートグッズも、消費税増税を見込んで2014年2月からジワッと値上げされました。チケットに同封されたグッズの価格表を見ては、「高っか！ がまんしようかな～」とも思うのですが、いざ売り場に着くと「節約」の2文字はふっ飛んで、「ぎゃ！ クリアファイル超盛《も》れてる！ やっぱもう1枚買う！」とかいうことになるんだな……。

✤

Ｓｅｘｙの 適量 5人で 決まりだね

何を思ったか2014年夏、セクゾのメンバー再編成がなされました。ＳｅｘｙＺｏｎｅにＳｅｘｙＢｏｙｚ、Ｓｅｘｙ松《ショウ》、そしてＳｅｘｙＦａｍｉｌｙ……なんというＳｅｘｙの過剰供給！ ヲタもＳｅｘｙをもてあまして困っており、結局のところ最初の5人に立ち返るのがベストだと思うのです。

✤

癒《いや》しをば 求めて通う 会場で グループ格差に 悶《もだ》え苦しむ

会社や学校の人間関係でそれなりにキリキリしてるのに……。楽しみにきた公演でまで、自担と他メンの待遇の違いを見せつけられて胸がさいなまれるとか何。平等にしろーい！

✤

リボンに花冠《はなかん》 ヲタの頭は 進化する

盛《も》り髪やデカリボンなど、少しでも可愛く目立つよう頭をデコってきたジャニヲタちゃん。でも、「見えな～い」と叱《しか》られた彼女たちが次に投入したのは、妖精《ようせい》みたいな花冠や担当カラーのサングラス！ 次は何かな!?

落選の古傷えぐる　メルマガよ ✤

2014年9月の嵐ハワイコン。協賛各社のキャンペーンに応募する際、メルマガに登録したヲタも多数。ホラ、「ご意見・ご希望」を書いたり、メルマガ読者になった方が、そっけなく応募するより当たりやすいとかいうじゃないですか？　が、まんまと落選し、とっくにコンサートも終わった今、なおも届き続けるメルマガが、「ハワイ、行けなかったんだよなぁ」という苦い思いをつつくのです。……今日こそ解除しよっと！

何路線!?　ペンラのヤンチャ化 ✤

止まらない

〝キラキラネーム〟というのがありますが、昨今のペンラのキラキラ化はだいぶ突き抜けたものがあります。誰も作ったことのないデザインがいい、他Gに「やられた！」と思わせたい……。その気持ちはわかりますが、メリケンサックやお好み焼きのコテ型など、だんだんオモシロ対決のような方向に……！

大晦日《おおみそか》　茶の間から　カウコン消えた ✤

2014年末、恒例だったカウコンの生放送がテレビ局の事情で見送られる事態となりました。テレビ中継を楽しみにしていたヲタの顔は曇《くも》り、参戦したヲタのレポートに望みをつなぎましたが、TLをにぎわせたのは「カウコンじゃなくてマッチのソロコンだった」なる謎のツイートばかり。今年は年末からモヤモヤしないで済むよう、とっとと仕切り直してほしいものです。

♥2015♥

✤

会場の　間近に辿《たど》り　着きせしも
はるか遠くに　運びやられし

2015年1月、横アリで行われたジャニスト1stコンのこと。〝お好み焼きのコテ〟をかたどったペンラが話題になり、ぜひゲットすべく売り場にやってきたのに……。「ハイ、グッズ最後尾はこちらになります」「階段を降りてください」「道路側に向かってください」「信号を渡ってください」「左手の公園に進んでください」とか、あれよあれよと追い立てられて、着いた先は根本に霜柱《しもばしら》の立つ枯れ木のそば。ここどこ!? それでも寒さに耐えて並んでいると、「えー、お並びの方にご案内します。ペンライトが売り切れました」とかいう死の宣告。ああ……。ああ!!

✤

徹夜して　うちわ仕上げた当日に
「うちわ禁止」と　鬼の通達

2015年2月、〝ガムシャラ〟に訪れたヲタは悲劇に見舞われました。「気合いで作ったこのうちわ。これなら自担も釘《くぎ》づけね！」と、思ったのに……。「本公演から、うちわの使用は禁止します」とはなんの冗談か？　使えないとなるとジャマでしかないうちわを気にしつつ、必死に求める担当の目線……マジで前日に言ってよ！

✤

カラバリが増えた記念の銀テープ　嬉しいけれどコンプに苦労し

最近、メンバーカラーに合わせた色違いの銀テープが飛んでくることが、ほぼ定番化しました。エイト、キスマイ、ジャニストなど大所帯のグループでは、実に7色ものバリエが登場。カラフルで楽しいのですが、全色集めるのは至難のわざ。いきおい、ツイッターで交換会がはかどってしまう……と。

✤

なくなって初めてわかるMCが足腰にくれる癒《いや》し安らぎ

MCは、メンバーたちのおしゃべりが楽しめる大切なひとときです。なのに、この潤《うるお》いの時をとっぱらう公演も登場し、ヲタを引きつらせています。心の憩《いこ》いだけでなく、立ちっぱの足を休める時間でもあるMC。安易になくすのはいかがなものか？

やっと来た！　待ちわびていたトロッコが　我《われ》の手前で進路変え去る

最近よくあるのが、ブロックの端まで来ずに真ん中あたりの通路で折り返していくトロッコです。「もうすぐこっちに来る！」と思いきや、やおら進路変更される悲しさよ……。来る来る詐欺か？　そうなのか!?

✤

神メンバー！　この組み合わせなぜバラす？

「ジャニーズ銀座」やドラマなどで、暫定的《ざんてい》に組まれるジュニアのユニット。ＳｅｘｙＢｏｙｓとか、バカレアとか兄ガチャとか……。まれに、「バランスといい、人気といい、申し分ない！　このままデビューさせたれや!!」と言いたくなるチームが現れるのですが、なぜかあっさり解体されたりして、ちょっとひとこと言ってやりたくなります。

✤

ファンクラブ　早く作って頼むから

待てど暮らせどＦＣができないグループがあったり、ジュニア情報局の新規受付や更新が停止されていたり……。自担ＧのＦＣができたらちゃんと入会するし、ジュニアの応援も情報局で続けたい。そんなささやかな夢が叶わないまま、早数年が経ちました……。

大人になったら編

♥古参あるある♥

夢中になってジャニを追っていると、時の流れの早さにアセります。若手だった自担も気づけばベテランになり、かくいう自分も「○○担のガキ」から「○○担のマダム」へと呼び名が変わっていたりするのです……。

✤

気がつけば　10年超えの　自担G

ここ数年でTOKIOやV6が20周年、嵐が15周年、エイトやKAT-TUNが10周年……と10周年超えの記念イヤーを迎える&迎えた大人Gが続々。ふだんはゆるヲタでも、積んできた時間を実感して、がぜん応援に力が入ったりするのです。

✤

後輩が　まとう自担の　衣装見て　時の流れを　感じ入るなど

カスタムした自担の衣装を着て舞うジュニア。今は大人の自担にも、この子のように少年の日々があった。「胸元にファーが付いてるけど、元はなかったのよ」などと思いつつ、第二の人生を送る衣装にもエールを送るのです。

✤

「これ○○くんの　歌なのに！」
ちょい待てこれは　自担のオリ曲

先輩の歌を後輩が歌い継ぎ、ジャニの血脈《けつみゃく》は続いていきます。中には何十年も前の名曲もあり、その起源を知らない新規ヲタもまた、増えています。自担が高らかに歌う彼のオリ曲を聴いて、「えっ、これ○○くんの歌なのに、なんでこのおじさんが歌ってるの？」などと若いヲタに言われた日にゃ、蕩々《とうとう》と説教してやりたい気分に……！

✤

先輩の　卒業願って　いたけれど
今は自担が　願われる側

デビューしてなお「ザ少年倶楽部」に出ていると、「もう卒業してよぉ！」などと後輩ヲタから突き上げを食らうもの。が、気づけば自担もデビュー組。今度はこちらが「早く卒業してくれないかなぁ」なんて言われてしまう身に。えーっと、仲よくしようよ!!

✤

芽の出ない　ころから応援
してるのに　年齢のカベ
マジうざい

〝糟糠《そうこう》の妻《つま》〟という言葉がありますが、デビュー前の不遇《ふぐう》な時代から支え続けてきたというのに、スポットの当たる番協《ばんきょう》やイベントで前面に出るのは、なぜかフレッシュな若いファンのみなさん。年齢制限に引っかかった大人ヲタは、「金は出しても前には出るな」ということなのか？　むきー！

✤

自担より　立ち位置上がった
後輩に　罪はなくとも
恨《うら》みにじみし

みなが横並びに出世などできないこと、よーくわかっているけれど……。やっぱり、自担の後輩が前に出ると、モヤモヤッと胸が苦しくなるのです……。

✤

更新が　ないのはきっと
良いしるし　ついに悟《さと》りを
開くにいたり

有事の際しかジャニーズウェブの連載を更新しない自担。こまめに更新する他メンをうらやんでいたけれど、考えようによっては更新なしは無事の証《あかし》。うん、これでいいんだ!?

✤

記念イヤー　増える仕事に
あわてふためく

めっきりアイドル仕事が減って、グローブ座班になっていた自担。後輩ヲタが、やれ全国ツアーだなんだと荒ぶるのを遠い目で見ていたけれど、10周年とか20周年とか、記念イヤーで増える仕事にもうあたふた！　何年ぶりかにうちわを新調したりして、眠れるヲタ心が一気に覚醒《かくせい》するのです。

「こいつはオレと同い年？」
残念、息子！　年下よ

あきれ顔で母のヲタぶりを見守る息子。「いうてもオレと同じくらいだろ」と思っているようだけど、事実は予想の斜め上を行っているもの。息子17歳。でもマリウスは15歳！

✤

「親心！」とか言いながら
ホレている

「もう息子みたいなモンよね～」なんて笑って見てるけど、どっこい胸の奥ではマジ恋の炎が燃えていたりするのです。夫は夫、息子は息子、ソレはソレ。

♥社会人ヲタあるある♥

学生という身分は、若さの象徴のようなもの。社会人になると、思うままヲタ活できた昔と違い、自由になる分ハンデもまた増えます。年齢、お金、仕事のアレコレ、いろんなものをやっつけて、ジャニる大人の心意気！

✤

担当に　敬語使われ　ちょい凹む

ハイタッチ会で、制服の女の子には、「ありがとう！　好きだよ！」とか言っていた自担。私には、気持ち真顔で「……ありがとうございます！」。なんかこう、地味に傷つく。

✤

年下の　友に借りたい　年齢も

「キスマイ、私も好きなんでFC入りますよ!」と言ってくれた年下の友。FCに入ってくれただけでも嬉しいのに、イベントでもあれば彼女の年齢まで借りたいと思ってしまう。自分のあさましいヲタ心に戦慄《せんりつ》……!

✤

直帰した　上司とコンで　はち合わせ

ウソも方便と言います。行程表に「A社打ち合わせ、直帰」と書いてあわただしく出ていった上司殿。はしゃぎながらロビーで「シゲのクリアファイル、買えたよー!」と電話する姿に出くわしても、深追いしないのが大人です。

✤

制服の　女子が群がる　$《ドル》誌《し》棚　人が捌《は》けたら　そっと手に取り

✤

貯金ゼロ　友の言葉に　ホッとする

ツアーが決まると、チケット代やら交通費やら、面白いように通帳の残高が減っていきます。リア友が「100万貯まった!」なんて言っているとアセりますが、ヲタ友が「アタシ貯金ゼロ!　むしろ借金してる!」とか言うのを聞くと、なんだか妙に安心してまたチケットを申し込んでしまうのです。

✤

1万円!? チケット代ならサッと出し

何を見ても「高いね!」、「うわ、高〜い!」とか言うくせに、1万2500円とか1万3000円とか、チケット代なら躊躇《ちゅうちょ》なく財布を開くヲタの性分……!

✤

ボーナスで 何を買おうか迷っても 半年前にジャニに決められ

「ウチは、奥さんに財布を握《にぎ》られてるからさぁ。自由に遣《つか》えるお金ないんだ」とかいう上司を情けなく思ってきましたが、考えてみたらヲタの財布もとっくにジャニに握られていたのです。半年、いやヘタすると1年近く前からツアーが決まっていたりして、ボーナスやヘソクリの遣い道に悩むことはありません。

✤

「いい人は いないの?」憂《うれ》いて問《と》う母よ いいコがいすぎて嫁げない

「いとこのミカちゃん、結婚決まったみたいよ!」的なトピックとともに、探りを入れてくる母。耳がイタイし、親不孝なんだろうな〜とか思いながら、目尻《めじり》を下げて「ガムシャラ!」を観ていたりするのです。……エヘ!

空港で　手荷物検査　引っかかり　うちわペンラを　見られ恥《は》じらう

気ままなひとり遠征。パッと見は旅慣れた大人の女（の、つもり）だったのに……。「お荷物、確認させていただきます」と開けられたバッグから出るわ出るわ、うちらにペンラ、Tシャツにクリアファイル……。ええ、ええ、ジャニヲタですよ、私は！

✤

旅行より　遠征する友　羨《うらや》む日

「夏休み、ハワイに行くの！」というリア友には「へー、いいね」くらいの感想なのに、「JUMPのツアー、全ステするわ！」というヲタ友は、羨望《せんぼう》のまなざしで見るなど……。

✤

私だけ　ヤコバで行くとは　言えなくて

✤

私だけ　ビジホでいいとも　言えなくて

「せっかくの遠征！　ジェットで飛んで、ホテルはラグジュアリーじゃなくちゃ！」という人もいれば、「ヤコバ一択！　寝るだけだから宿もビジホで十分！」という人もいる。この温度差を無理矢理すり合わせないことが、平和で安穏なヲタ活の条件です。

✤

いくつになっても編

♥乙女心あるある♥

ジャニーズは、大人を少女に少女は大人に変えてしまう罪なマジシャン。恋のステッキをひと振り、「こんな年下のコに夢中になるなんて！」とか「私、もう子供じゃないよ！」とか、今日もジタバタさせられるのです……！

✤

担当の　好みと聞けば
ガラじゃない　服も　いそいそ
羽織《はお》ってみるなど

「こんなファッションのコが好き！」と自担が挙げたのは、自分の好みと真逆のタイプ。うーん、挑戦したことないけど、着てみたら案外似合うかも？　かくして、いつもは甘系ワンピでいくところ、ボーイッシュなショーパンで攻めてみたりするのです。

✤

「誰得!?」と　震える　自担と
女優のカラミ

ストーリー上自然であるとか、必然性があるシチュエーションならいいのです。しかし、バラエティーなどで、ただファンに悲鳴を上げさせたいがためにジャニと女優を絡ませるのは、法律で禁止すべきだと思うのです。

✤

「きもちわるっ！」
家族にドン引き　されたって
テレビの自担に　デレて相づち

自担がトーク番組にゲスト出演。近況を語る彼にデレデレしながら、「それ、私も好きー！」だの、「私も石鹸《せっけん》、作ってみるー！」だの、画面に向かって語る姿は狂気《きょうき》の沙汰《さた》。ま、家族に冷笑されてもやめませんが。

✤

まぶしくて　担当見れずに
見た他メン　いつのまにやら
本命になり

自担が好きすぎて目をそらし、つい平常心で見られる他メンばかり見ていたら……。目が合うと笑ってくれるし、なんか可愛いかもと思っちゃって、気づけば気持ちもそっちにスライドしてるのです。

✤

「そのコには　興味がないの」
と言いながら　ポスターの色で
担がバレしを

いつの間にか好きになってしまったけど、同担のヲタ友には言い出せずにいたら……。うっかり買ったポスターの筒《つつ》色で、「あっ、それは○○くんの！」と見破られるなど……。

✤

花道の　脇《わき》のカメラに　恨《うら》み節《ぶし》

花道の真横に設置された、収録用カメラ。本当なら最寄りの私に目線をくれるはずなのに、代わる代わるカメラに寄ってはピースだの投げチュだの最大限アピッて去るジャニたち。食虫花《しょくちゅうか》のようにジャニを入れ食いにするカメラの、なんと憎《にく》らしいことか。

✿

はっきりと　我がうちわをば眺《なが》めしも　なぜにくれぬか投げチュひとつも

不思議なのは、じっくりとうちわをガン見して、まわりからも「あ、あの人のうちわ見てる！」とわかるのに、何事もなかったかのように去るジャニがいることです。えっ、投げチュってそんなにハードル高い？……あ、私にはしたくないってこと……かな？（泣）

✿

ランダムに　挿入《そうにゅう》されし　特典の自担以外を　またも引き当て

CDにありがちな、「トレーディングカード5種のうち、1枚を封入！」的な特典企画。「こういうの、なかなか自担が出ないんだよなぁ」と思いつつ開封すると、やっぱり他メン。やむなく交換しようとツイッターを見れば、自担カードがわんさと譲りに出ていて、それはそれで複雑なキモチに……！

欲のない　友に神席　我にクソ席

✤

「今度こそ、最前列が来ないかしら!?　ううん、通路横でもいい」などと妄想をたくましくしている私のもとに来るのは、決まって後ろから数えたほうが早い席。一方、無欲の友は、あっさり前列を勝ち取っていたりするのです。

✤

振り込めと　催促したくせ　落選か

「○○コンサート締め切り間近！」とか、有能な秘書のように連日リマインドメールを送ってくれるジャニーズたん。「お、おう」とばかりに素直に振り込むも、フタを開ければしれっと落選。なんか、納得いかない……！

✤

本公演　落選なのに　引き止めて　別公演を　勧《すす》むる屈辱《くつじょく》

ドキドキしながら当落確認しようとした矢先、ジャニーズから来たメール。いわく、「この公演は落選だけど、どうせお前こっちの公演も行きたいでしょ？　じゃ、こっちの公演に申し込んだことにしとくから！」なるご親切な振替のご提案。……なんか、「オレは付き合えないけど、こいついいやつだから付き合わない？」って友達を紹介された気分……。

おわりに

アニメ『うる星やつら』に、〝ときめきの聖夜〟というエピソードがあります。

主人公のあたるは、婚約者・ラムちゃんの忠告を聞かず、クラスの男子が考えた架空の女性とのデートにいそいそ出かけていきますが、もちろん待てど暮らせど彼女は来ない。ことのあらましを知ったラムちゃんは、「うちは知らないっちゃ！　Ⓐダーリンが恥《はじ》をかこうが、全部ダーリンが悪いんだっちゃ。あれほど言ったのに、Ⓑ他の人とデートになんか行かないでって言ったのに」と、あたるを見限ろうとします。

だけど次の瞬間、「でもやっぱり……それでもやっぱり、うちはダーリンが好きなんだっちゃ！」と叫んで、彼女はダーリンの元に駆《か》けつけるのです。ラムちゃんって健気！　そして可愛らしい。

私は、ジャニーズから無茶な発表があるたびに、このシーンを思い出さずにいられません（※Ⓐに「ジャニーズ」、Ⓑに「キャパの広すぎる会場はやめて」、「早すぎるアジアツアーはやめて」、「無謀なCD販売はやめて」など、あなたが憤った事例を入れてみてください）。

「はぁ？　アジアツアーの前にしっかり日本公演やってくれよ」とか、「え！　デビューC

D、さんざんご祝儀買いしたけど、また握手会？」とか、「他Gの舞台に自担が出るってなんでよ!?」とか、本当にいろいろあると思います。
さすがに、「いいかげんにしろよ、ジャニーズ！」なんて毒づいてみたりするんですが、「……それでもやっぱり、うちはジャニーズが好きなんだっちゃ」（笑）。

これからもジャニーズは、ヲタに挑戦的な案件をつきつけてくるでしょう。そしてきっと私たちは、「ダーリンなんて知らないっ！」って言いつつ、ナンとかしちゃうのです。ときにヲタどうしで「あるある！」なんて笑い合いながら。

最後になりましたが、本書（単行本時）にステキな推薦の言葉をくださった東村アキコさん、全力で〝ファンサのもらえるモテしぐさ〟を指導してくださった重太みゆきさん、愛すべきジャニヲタをキュートに描いてくださった二平瑞樹さん（←大野くん似）、ラブリーな装丁にしてくださった柳谷志有さん、編集担当の石井智秋さん（ジャニヲタ1年生）に、心から御礼申し上げます。

そして本書を手にとってくださったあなた、本当にありがとうございます！

……ところで次の公演、いつ入ります？

みきーる

文庫版あとがき

〝けっこう仮面〟という正義のヒロインがいます。漫画家・永井豪《ながいごう》さんによるセクシーコメディの主人公で、まばゆいヌードを惜《お》しげもなく晒《さら》し、ロングスカーフにグローブ、ブーツだけを着けており、その顔はマスクですっぽり包まれています。

悪の組織は彼女の正体を暴《あば》こうと躍起《やっき》になりますが、なかなか真相に近づけません。

なぜなら、〝けっこう仮面は1人ではなかったから〟なのです。

ところで、2012年に『ジャニヲタあるある』を出してから、今年で3年になりました。それまでは〝ジャニヲタ〟というと、「モテなくて、イタくて、だから〝しかたなく〟美少年を追っかけ回してる可愛くない女の子」といったイメージが押しつけられてきたように思います。

でも実際は、小さな女の子から学生さん、大人のお姉さん、ママさん、マダムさん、もちろん男性もいて、〝ジャニヲタの正体はひとつじゃない〟のです。

ふだんはバリバリ働いている女性や、きびきび家庭をきりもりしているお母さん、「ジャニが好き」なんておくびにも出さない男性が、コンサートではときめくまま自担に愛を叫ぶ

——。そんな、普通の素敵な人たちの姿をゆがみなく描き、ヲタでなければわかり合えない気持ちを共有したい。これが、本書を書く発端となった私の思いです。

おかげさまでたくさんの方に手にとっていただき、「卒論やレポートの資料にした」、「学校で、朝の読書時間に読んでいる」などのお声も頂戴し、〝投げチュ〟したいほどありがたく思っております。

また、本書がきっかけかわかりませんが、近年はだいぶカジュアルに〝ジャニヲタ〟を公言したり、ジャニーズについて語る人が増えてきたように思います。こっそり奥ゆかしく、というのもいいですが、堂々と好きなものを好きと言ったり、さらっと話題にできるのは、かなり気持ちのいいものです。

これからもジャニヲタさんが溌剌《はつらつ》と過ごせる場が広がることを、願ってやみません。

——それにしても、あらためてまわりを見回して思うことがあります。それは……

「なーんだ！　みんなジャニーズが大好きなんじゃん!!」ということ！　なんだかんだ言ってジャニが気になる、ジャニが好き、という人はとても多いように思います。

そこにジャニーズがある限り、また〝あるある〟も沸《わ》いてくる。ジャニヲタあるある!!

みきーる

カバー＆本文デザイン　柳谷志有（ｎｉｓｔ）
単行本取材協力　　　　栗林祥恵（ミナカテラ ジャパン）

本書は２０１２年９月に株式会社アスペクトから刊行された
『ジャニヲタあるある』を文庫化に際して加筆・修正し、新規
コンテンツを加えて再編集したものです。

青春文庫

ジャニヲタあるある＋《プラス》

2015年 5 月20日　第 1 刷

著　者　みきーる
漫　画　二《に》平《ひら》瑞《みず》樹《き》
発行者　小澤源太郎
責任編集　株式会社プライム涌光
発行所　株式会社青春出版社

〒162-0056　東京都新宿区若松町 12-1
電話 03-3203-2850（編集部）
03-3207-1916（営業部）
振替番号　00190-7-98602

印刷／中央精版印刷
製本／フォーネット社

ISBN 978-4-413-09621-8